異文化コミュニケーションに学ぶ グローバルマインド

長谷川宏司・広瀬克利・井上　進・繁森英幸　編

大学教育出版

まえがき

もし、筆者がはるか遠く宇宙のかなたから、地球を望遠することができたとしたら、人類初の有人宇宙飛行士のユーリ・ガガーリン少佐（ソ連）が1961年4月12日、ボストーク1号から地球に帰還後「The sky is very, very dark, and the earth is bluish.」と語ったとされているように、青々とした美しい無限のロマンに満ちた小球体と映るに違いない。ズームして見ると、その小球体の表面は凸凹していて、陸地には緑色の森林や草原が広がり、ところどころに砂漠と思しき茶色の裸地が見られ、それらを取り囲むように紺碧の海が広がっているのが見て取れる。さらに接近して見ると、陸地には植物だけでなく、人間を含めたさまざまな生き物が生息し、生物界の頂点に君臨する人間によって創造された、万里の長城を初め、多くの建造物が見られ、空には飛行物体が、海には船舶がハエやミズスマシのように蠢いている。一見、人間が自然や他の生き物と協調し、かけがえのない小球体の同居生物として友好なコミュニケーションを取りながら生活しているように見える。しかし、現実は人種、価値観や宗教などの違いから多くの集団に分かれ、国家と称するテリトリーを持ち、絶えず隣国の動向を見守りながら生活している。この100年を振り返って見ても世界を二分する戦争が2度も繰り返された。その後は、マジョリティがマイノリティを封じ込め、そのマジョリティが最強・最悪の武器である核兵器を持つことによって宗教や体制など異なる民族に対して内政干渉し、時には軍事力を用いて自国の意に従う国家を作り上げようとしているとみるのは筆者だけであろうか。朝鮮半島、ベトナム、中近東、北アフリカなどでは、背後に超強大国の影がちらつく中、同じ民族同志が憎しみ合うという悲惨な戦いが繰り広げられてきた。超強大国は警察や裁判官の如く振る舞い、自国が保有する核兵器を廃棄せずに依然として核実験を秘密裏に行っている。彼らは核不拡散と称し、結果として大量破壊兵器を装備していなかったイラクを殲滅した現実から、いくつかの小国が自国の体制維持を旗印に核開発を行っている。これらの小国に対して超強大国が多くの国々を巻き込み、強力な集団的制裁を課している。日本も例外ではない。最近さまざまな問題から、近隣諸国との間で不協和音が立ち始め、政権が交代したこともあり、極めて危うい空気が漂い始めている。これらの是非についてはさまざまな見方があろう。しかし、幸いなことには、国家間の対立の中でもそれぞれの国民の大多数は平和な生活を望んでいる。かけがえのない、たった一つの小さな球体・地球に同居するホモ・サピエンスであるという意識・自覚、つまりグローバルマインドを呼び戻すことが重要ではないだろうか。人種・宗教・文化・習慣など異なる相手と真に友好なコミュニケーションを構築するには、決して軍事力や経済力による強制ではなく、いかに相手との違いを理解した上で、自然体で多様な価値観を認め合う心を共有する努力をすることではないだろうか。

日本国内において、地球規模からすれば極く短い距離であっても、北海道から九州・沖縄では、取り巻く自然環境などの違いから、その地域独特の文化・習慣や言葉が生まれ、加えて地域間で公平さを欠く戦後処理などから、地域間で真の友好的コミュニケーションが構築されているとはいえない。

しかし、さらに言葉がまったく違い、宗教、文化、習慣、価値観の違いなど大きな壁が横たわっている外国人とのコミュニケーションはその比ではない。とりわけ、日本は四方八方を海で囲まれた島国で、世界でも珍しい、権威を疑問視しない、反射的な従順性、集団主義、島国的閉鎖性、熱しやすく冷めやすいなど独特の文化、習慣を持っている。今後ますます加速されるさまざまな分野でのグローバル化に対応しようにも、多くの日本人には学校の地理、歴史、政治・経済で学んだことや、テレビや新聞で報道されるニュース以上の資料はなく、また、観光で短期間外国に旅行しても強い目的意識がなければ、現地の人の永い歴史のもとで築かれた文化・習慣や国民性などを理解し、外国人の内心に触れ、真の友好的コミュニケーションを築くことは容易でない。一方、2年前東日本が大震災に襲われた時、それまで忘語となっていた「絆」という言葉が日本国内だけでなく、外国でもさまざまな場面で使われるようになった。「絆」とか「恩愛」といった、人と人をつなぎとめ、そこに生まれる情愛や親しみ、つまり多次元・異文化コミュニケーションの大切さが再認識されたのであろう。

一方、現実問題として、日本は世界でも稀な少子高齢化が急速に進み、今後30年間で約2000万人も労働人口が減少するといわれている。今後、日本経済の持続的成長を実現するためには、人口減少や少子高齢化に歯止めをかけ、就業者の増加と生産性の上昇が必須である。就業者の増加のためにはグローバルな人材の活用という意味で外国からの労働力の移入も考えていかねばならない。最近、外国からの実習生と日本の経営者との間で起こった悲惨な事件が報じられた。日本古来の独特な文化・習慣・宗教・言い回し・振る舞いや女性の社会的地位など、なかなか外国人には理解できないことが多く横たわっているのが現実である。近頃、ウーマノミクスとかマンセッションという言葉が新聞紙上でおどっているが、日本人だけでなく、外国人の受け入れに際しても極めて重要な課題だと思う。また、最近の若者の留学数が最盛期の3分の2に減少しているといわれている。確かに、自然科学分野に限っても昔に比べて今は研究設備や研究レベルなどで日本と外国で差がなくなりつつあり、ことさら留学せずとも国内で十分な成果をあげることは可能である。しかし、留学によって世界各国の研究者と交流し、彼らの内心に触れることは研究面だけでなく、その後の人生にとって何にも代えがたい貴重な財産として残り、今後予想されるタフなグローバル化に対して臆せずに躍動することが大いに期待できる。

これらのことを鑑み、本書では外国に留学・ビジネスなどで比較的長期間滞在した、あるいはしている日本人の外国での異文化コミュニケーションの実態、逆に来日してさまざまな場面で活躍している外国人が日常感じ取る日本人との異文化コミュニケーションの実態、さらに外国から留学生やビジネスマンを受け入れて、日本国内で外国人と異文化コミュニケーションを実践している方々に日本人と外国人との異文化コミュニケーションの実態を紹介して頂き、そこから学ぶ〝グローバルマインド〟の構築について問題提起をして頂いた。読者の皆さんご自身がもつ異文化コミュニケーションに関する琴線と執筆者らのそれとがどこかでクロスすることが認識され、たった一つのかけがえのない地球の同居人・ホモ・サピエンスとしてグローバルマインドの重要性についてお考え頂く端緒になれば、編者の一人として望外の喜びである。

なお、本書出版にあたり、執筆者推薦の労をおとりいただいた、鹿児島純心女子高等学校・教諭の東郷重法博士並びに株式会社資生堂リサーチセンター・シニアサイエンティストの横山峰幸博士に感謝申し上げます。

２０１４年４月

長谷川　宏司

異文化コミュニケーションに学ぶ
グローバルマインド

目次

第1章

日本人からみた、異国の地における外国人との異文化コミュニケーション

第1節　留学・研修・国際共同研究

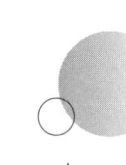

おのぼりさんの冷や汗留学記
―ドイツ・オランダでの異文化コミュニケーション―

後藤　伸治（宮城教育大学名誉教授）

1．シロイヌナズナを訪ねて

はじめに

本書の編者、長谷川宏司先生から外国人とのコミュニケーションについて何か書いてみないかとお話があったとき、私は大いに迷いました。というのは、私がドイツ（当時は西ドイツ）、オランダに在外研究員として滞在したのは30年近くも前のことで、しかも滞在期間が9か月と短く、多くの人が経験する外国でのコミュニケーションの面白さや難しさを知らないまま終わっていると危惧したからです。当時の記憶も薄くなっており、また、現在は違った状況になっているだろうこともためらいのもとでした。一方、近年の若い人たちは外国に行きたがらない傾向が強いとの報道もあります。それにはいろいろな理由があるものと思われます。留学資金がない、仕事が忙しくて職場を留守にできない、わざわざ外国に行かなくても日本で最先端の研究ができる、などです。このような状況が続くと、日本でだけ通用するガラパゴス化と言われる状態がますます進むのでは、と陰ながら心配するものです。

そこでこの際、あまり外国語を話せない中年者が家族を連れてドイツとオランダで生活した経験をお伝えするのも、これから外国へ出かけようとする人たちに何がしかの励みになるかもしれないと思い書いてみることにしました。

出発まで

私は１９７６（昭和51）年に宮城教育大学に生物学の教員として赴任しました。当時は文部科学省の在外研究員制度がありました。しかし、希望者が多く、また、授業などの仕事も忙しく、簡単には実現できませんでした。それでも希望を出し続ければいつかは当たるかもしれないと、在職５年くらい経った頃から在外研究に希望を出しました。１９８５年（その時すでに47歳）にようやく９か月の在外研究が実現することになりました。

私は当時からシロイヌナズナの突然変異体を用いて形質発現の生理的機構についての研究を行っていました。シロイヌナズナは、今では実験モデル植物として多くの研究者に用いられていますが、当時は学校の教材植物くらいにしか使われず、その名前さえ聞いた事がない研究者が多い状況でした。シロイヌナズナが比較的多く研究されていたのは西ドイツとオランダでしたので、在外研究ではドイツかオランダに行きたいと思っていました。幸い、フランクフルト（アム・マイン）のゲーテ大学植物学教室のクランツ（A. R. Kranz）教授とケルン大学のナップツイン（K. Napp-Zinn）教授が引き受けてくれました。さらに、オランダ、ワーヘニンゲン農業大学のコールニーフ（M. Koornneef）助教授にも受け入れ先となってもらいました。

シロイヌナズナ
(左)野生型 (右)矮性突然変異株

いざ出発

1985年11月、妻と息子2人（小学校5年と3年）を連れて、生まれて初めての飛行機に乗りました。飛行機は当時では格安のアエロフロートにしました。途中モスクワ空港近くのホテルで1泊し、翌日、フランクフルト空港に着きました。空港で荷物を待っていましたが、一向に現れずついに空の荷物ベルトが回るだけになり、私の荷物（スーツケース2個と子供たちのリュック）が着いていないことが分かりました。そこで、空港の事務所をたずね当て、つたないドイツ語と手まねで荷物がない事を訴えました。結局、パリへ運ばれたらしいことが分かり、「明日宿舎の方へ届けるから」と言ってもらいました。空港にはクランツ先生が迎えに来てくれていました。先生とは初対面でしたが、事前に写真を交換していたのでお互いにすぐに分かりました。先生は、荷物運びのため学生を一人連れて待ちかねておりましたが、私たちが荷物を持ってないので意外そうでした。クランツ先生運転の自動車で空港から市内の宿舎まで乗せてもらいました。5人乗りの自動車でしたが、子どもを入れて6人が乗りこみました。先生も学生も何とも言わず平気なので西ドイツでは定員オーバーではないものと勝手に了解しました。

2. 初めての海外生活

広い宿舎

私たちの宿舎は植物学教室から歩いて15分ほどのところにありました。大学の外国人研究者用の4階建ての建物でした。部屋は4つ、入口の部屋は広いホールになっており、その他に家具付き台所兼食堂、寝室、子供部屋がありました。部屋には、床から天井までの大きな窓があり、黄葉した木々が茂る中庭が見えました。翌日空港から荷物が届き、いよいよドイツ生活が始まりました。宿舎には英国人、米国人、日本人が住んでおり、大阪市立大学の平澤栄次先生がご家族とともに滞在していました。平澤先生にはそれから約6か月のフランクフルト生活で公私ともにお世話になりました。

クランツ研究室

ゲーテ大学の植物学教室はフランクフルトの市街地にあり、4階建ての黄土色の落ち着いた建物でした。教室の裏には植物園があり、また、隣にパルメンガルテンという植物公園もあり、植物の研究には恵まれた環境でした。

フランクフルトに着いた翌日からクランツ先生との研究生活が始まりました。研究室は土、日は誰も来なくて閉鎖状態になります。「お前が来るのは自由だから」と建物の鍵を渡されました。院生に「土曜日も休むのか」と尋ねたら、「土曜日も来たら心臓に悪いですよ」と笑っていました。そこで、私も土、日は休むことにしました。クランツ先生からも、「研究ばかりでなくドイツの文化や世相の研究もやるのがよろしい」と言われたのでその言葉に甘えました。研究競争にしのぎを削る他の研究室の活動とは少し違っていました。

フランクフルト　クランツ教授夫妻とピクニックの１コマ
（左端がクランツ先生、右端が私）

ゲーテ大学にはウニレポート（UNI-REPORT）という学内情報誌があり、大学の講演会などの情報を載せる欄があります。私が教室のゼミで行う「花芽形成の制御機構」という題の講演会も予告が載っていました。英語で話しても良いとのことなので一晩かけて練習しました。当日は30人ほどの聴衆が来、何とか1時間の発表をやりとげました。質問も2、3人からあり、応答はしましたが、私の英語力と少しのドイツ語で質問者に分かったかどうかは自信がなかったです。スライドを用いたので視覚的には理解できたものと思います。クランツ先生から「百聞は一見にしかず」というような言葉で慰められました。びっくりしたのは私の話が終わると皆がこぶしで机をとんとんとたたくことでした。一瞬抗議のブーイングかと恐れましたが、拍手の代わりだと聞いて安心しました。

クランツ研究室では毎週1回のゼミがあり、学生が順番に論文や自分の研究の進行状況を紹介していました。全員がシロイヌナズナの変異株を使っての研究を行っていました。報告する学生は、私のためにドイツ語と英語をチャンポンで説明してくれました。私がいるのでゼミの進行が遅れるのが心苦しい思いでした。

3. なぜシロイヌナズナなのか

シロイヌナズナ（*Arabidopsis thaliana* (L.) Heynh.）とは

研究材料のシロイヌナズナについて簡単に説明します。アブラナ科のシロイヌナズナは春の七草のナズナの仲間です。私が留学した1985年当時、日本では「知る人ぞ知る」で、決してポピュラーな植物ではありませんでした。目立たない植物で、春、他の植物が茂る前に花を咲かせ、種子をつけて早々と枯れることから「早がけ植物」（東北大学・清水芳孝教授の命名）とも呼ばれていました。

その年の冬、クランツ先生が少し興奮した様子で「これからシロイヌナズナの時代が始まるよ」と米国の科学雑誌「サイエンス」を見せてくれました。それには「シロイヌナズナと植物分子遺伝学」という題の記事が載っていました。その記事は、シロイヌナズナのゲノム量が少ないことが指摘されており、この特徴が遺伝子の解析に好都合なことなどが述べられていました。この頃からシロイヌナズナは一気に有名になり、実験モデル植物として世界中で使われるようになりました。クランツ先生の予言がみごと的中したのです。

クランツ先生は1993年春に停年退職されました。先生は、種子銀行のストックを3つに分け、アメリカ・オハイオ州立大学（Dr. R. Scholl）、イギリス・ノッチンガム大学（Dr. M. Anderson）と宮城教育大学の私の研究室に供与しました。その際は、クランツ先生自らが種子を入れたプラスチックチューブを仙台まで持って来てくれました。

4. 大学生活

学生実験の見学

クランツ先生の植物形態学の学生実験の授業を見学させてもらいました。実験の説明は掛図を用いており、私が学生時代に受けたような少々古典的な感じでした。また、実験用の染色液もスポイト式のもので、いくつかの染色ビンを木の箱に入れてセットにしてあるのも我々の学生実験とほぼ同じでした。驚いたことは、学生が授業中にポットのお茶やコーヒーを飲んでいる事でした。クランツ先生に、「授業中に飲食を許しているのですか」と聞いたところ、「私は親ではないからしつけはしない」とのことでした。しつけは親がやるものと割り切っているようでした。クランツ先生は実験の説明を終えると、実験の指導を助手にまかせていつの間にかいなくなりました。この様子も日本と同じだと思いました。学生実験用の単眼顕微鏡はライツ製、ツアイス製、オリンパス製がありました。ある日、先生は顕微鏡を購入するため業者と値引き交渉をしていました。ライツ製をもっと安くまけろと言っていましたが、その際の交渉手段として、まけないならば日本のニコン製にするぞと言うのでした。ニコン製の方が安いようで、値引き交渉はどこも同じだと面白かったことです。

5. フランクフルト、ケルンの生活

ドイツ人の職業感

ドイツの研究室での実験は日本の宮城教育大学とはずいぶん違う環境でした。日本では植物材料は、土作り、種まき、水やり、植物の栽培、器具洗浄など全部自分でやっていましたが、ドイツでもオランダでもこれらの仕事は専門の園丁や研究補助員の仕事なのでした。鉢が少し渇き気味になったのでジョーロで水をやったところ、翌日「植物の管理は私の仕事だから勝手に水をやらないで」と抗議されました。また、平澤先生から聞いたことですが、「材料のエンドウマメは園丁さんが1週間に1回播くことになっているので、毎週必ず材料ができてきます。今日は休みたいと思っても材料ができてくるので実験を休むことができないのです」とこぼしていました。

日本国憲法はうらやましい

フランクフルトで学生と話しているとき、「日本の憲法は、戦争放棄・軍隊を持たないと明記しているので大変うらやましい」と褒められました。少々後ろめたい思いがして、「憲法ではそうなっているが実際には自衛隊という軍隊があり、軍備も軍隊並みに整備されている」と言い訳するのがつらいところでした。西ドイツには徴兵制があり、18歳になった若者は1年ほど軍に入る義務があります。ただし、西ドイツの憲法にあたる「基本法」には、「良心に反して武器をもってする戦争役務を強制されてはならない」という「良心的兵役拒否」の権利が認められており、軍隊に入りたくない者は福祉施設や病院でボランテア活動をすることで軍隊生活をしないで済むこともで

きるとのことでした。

日本では、２０１２年末の総選挙で自民党が大勝し、憲法改定の声が高まっています。このままでは67年続いた平和憲法は名実通りの軍隊を持ち、戦争ができる憲法に変わることになるかも知れません。ドイツの学生からうらやましがられた日本国憲法は世界でも貴重なものと再認識している次第です。

チェルノブイリ原子力発電所の事故

１９８６年4月26日、ウクライナのチェルノブイリ原発事故が起こりました。4月30日は私のフランクフルト滞在最後の日でしたが、その夜10時過ぎに原子力施設の撤去を要求する市民のデモがありました。デモ隊は、パトカーに前後を挟まれて、中央駅の方から大学の方へ向かっていきました。タイマツ様の火を持ち、太鼓を叩くような音を出して行進するのでした。シュプレヒコールはありませんでした。

放射能汚染

私たちがケルンに移ってから原発事故の影響がいろいろ出てきました。事故前は公園の芝生に寝転がって日向ぼっこをする人が多く見られましたが、事故が起こって数日後には芝生に腰かけたり寝たりする人はほとんど見られなくなりました。また、食料品店では、事故後の日付の乳製品や路地栽培のサラダ菜が売れなくなったとの新聞記事が載りました。5月になると、放射能は平時の50倍から１００倍に増加したとナップツイン先生が言っていました。5月半ばになってフランクフルトの平澤先生から次のような話を聞きました。フランクフルトの植物学教室のスタッフ全員から放射能が検出されました。温室の窓１㎡をろ紙でふきとって調べたところ2万cpm（1分間当たりのカウント数）ありました。汚染前は30 cpmだったのでかなりひどい汚染だということでした。小学校の砂場、鉄棒、遊び場は閉鎖されたとのことです。また、「放射性ヨウ素の半減期は短い（8日）ですが、セシウムやストロンチウムの半減期は数十年と長いので要注意です。ミルクやレタス、ホウレンソウなどの葉物は食べない方がいいようです。これから全植物に放射能が入る恐れがあります」、と教えてくれました。
２０１１年3月の東日本大震災によって起きた福島第1原発事故の放射能の心配は3年近く経過した今もまだ続いています。27年前ドイツで起こったのと同じような混乱と不安が今日本で起こっていることは悲しいことです。

1品持ち寄りパーティ

ケルンの宿舎にはいろいろな国から来ている研究者と家族が子どもを合わせて25人ほどおりました。ある日の昼、宿舎の庭で1品持ち寄りのパーティが開かれ、わが家も子どもとともに参加しました。イギリス、ユーゴスラビア、アメリカ、ブラジル、スペイン、カナダ、日本などの国から来た人たち数家族が参加して国際色豊かな昼食会になりました。スペイン料理、ブラジル料理、日本料理などが並びました。子どもたちはすぐ仲良しになりバレーボールをしたり卓球をしたりして楽しく遊びました。庭に咲いている花を指して「これは何か、君は植物学者だから分かるだろう」と問われて答えることができずいささか恥ずかしい思いもしました。

ケルン　宿舎で外国人研究者の一品持ち寄り昼食会で（左端が私）

ドイツでは卓球が子どもたちに人気があるようで、公園には備え付けの卓球台がありました。我が家の子どもたちも、ピンポン玉とラケットを持って公園に行き遊んでいると、ドイツ人の子どもたちも集まってきていつの間にかゲームをやっていました。子どもたちが友達になるには言葉はあまり必要ないのだと感心しました。

押し売り、人種差別？

ケルンでは押し売りに遭遇しました。宿舎に若い男が来て絵葉書を買えと迫られました。モロッコから来たという青年でした。「身体にハンディキャップがあるのだ」と言いつのって粘られましたが、それでも断ったら何か悪態をついて出ていきました。無警戒にドアを開けてはいけないことを学びました。

フランクフルトのレーマーというにぎやかな広場でも10歳くらいの子どもが寄ってきて「お母さんが病気なの（Maine Mutter ist Krank）」と言って金をせびるのです。気の毒とは思いながら断りました。後で聞いたところでは、どこかに親がいて指図しているのだそうで、日本人は甘いから狙われるとのことでした。

フランクフルトのオペラハウスで子どものための人形劇を見に行ったときにいささかむっとしたことがあります。私の後ろの席の老婦人が傘の柄で私の頭の横を押すので何のことかと振り向くと、見えないから頭をどけろとの無言の要求でした。無視しましたが、不快な思いが残りました。また、西ベルリンに旅行した時、駅のホームで重い荷物を持った老婦人がいたので荷物を車内まで持つのを手伝いました。座席に着くともういいからとひらひらと手を振ってあっちへ行けとのしぐさをしたので憮然とした思いがあります。

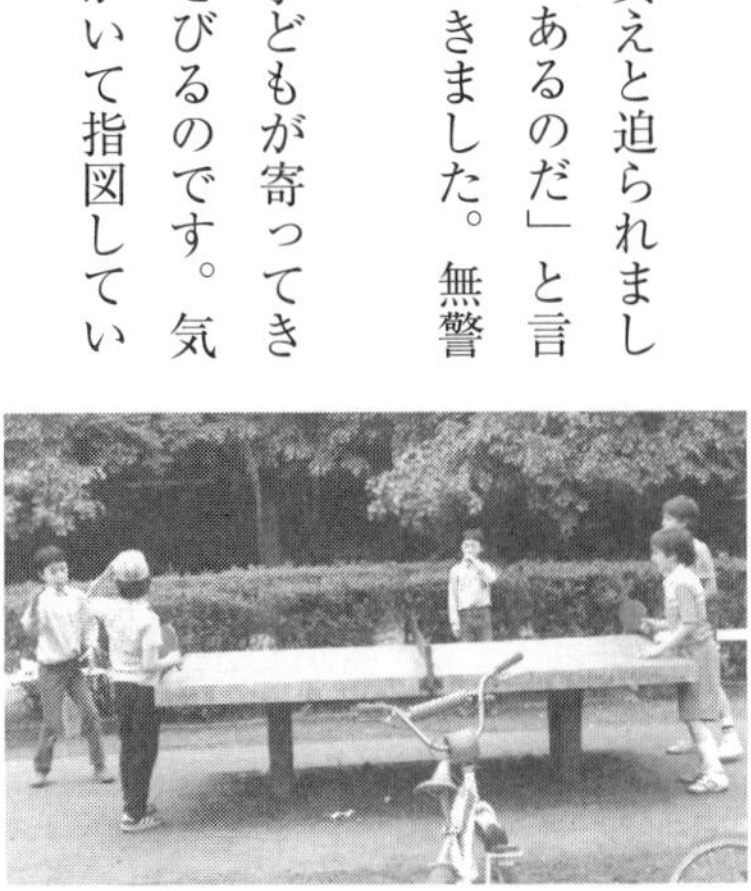
公園の卓球台で遊ぶ子どもたち

ベルリンの壁

私がドイツに滞在したのはドイツ統一の前で、西ドイツと東ドイツが厳しく分けられ、ベルリンも西と東の2つに分かれていました。国境の駅で停車した時にパスポートを検査されます。シェパード犬を連れた警官が停車した列車の下を覗きながら何か探している光景に不気味な恐ろしさを感じました。国境を過ぎると列車は西ベルリン・

ツオー駅まで東ドイツの中を2時間程無停車でひた走ります。西ベルリンで観光バスに乗ると、ポツダム広場という場所に止まります。鉄パイプでできた展望台に登ると「ベルリンの壁」の向こうに東ベルリンの街並みが見えました。壁には落書きとも絵画とも見えるカラーの絵が描かれており、その壁が延々と続いているのでした。

東ベルリンの観光バスに乗りポツダムに行きました。たまたま若い中国人と一緒になり「ポツダム宣言」について話をしました。中国の若者は「ここで日本の敗戦が決まった」と誇らしげに話していました。私の方は何となく小さくなって聞いていました。観光バスではバスガイドが西ドイツマルクを東ドイツマルクに両替えをするようアナウンスしたらしいのですが、そのことが聞き取れず、両替えしないでレストランに入り昼食を頼みましたが、西ドイツマルクではダメだとにべもなく断られ、昼食は無しかと諦めかけた時、親切なアメリカ人が「私が払ってやるから」と昼食代を払ってくれました。大した額ではなかったですがありがたくいただきました。そのことを今もって鮮明に覚えていることを思うと、まったくもって食べ物の記憶は長く残るものです。

6. ワーヘニンゲンの生活

オランダ随一の農業大学へ

ケルン滞在の後、オランダのワーヘニンゲンに移動し、6月半ばから7月末までの1か月あまり暮らしました。ワーヘニンゲンは、オランダのほぼ中央部に位置しライン川のほとりの田園地帯にあります。のんびりした田舎町ですが、そこにある農業大学はオランダでもトップクラスの頭脳を集めている科学の町です。

私たちの宿舎は5階建てのビルの4階でした。テレビは故障で使えなくなっており、掃除機も無かったので受け入れ先のコールニーフ先生に苦情を言ったところ、掃除機はきましたが、テレビは大学の係の職員が夏休みとかでついに見ることができませんでした。ここの職員は、受け持ち以外の仕事に係わることがないようで、他の職員は我関せずの態度でした。

コールニーフ先生は、お昼になるとビニール袋に入れたパンをぶら下げて学生食堂へ行き、スープやおかずを注文して食べていました。私もそれにならってパンだけを持って行くことにしました。研究室ではシロイヌナズナの突然変異体の作製実験を行いました。植物は温室で栽培したので植物管理は園丁さんがやってくれました。温室では園丁さんたちと話をすることが多く、中年の男の園丁さんは、夏休みに北海へサーフインに行くのを楽しみにしていました。若い女性の園丁さんはアムステルダムへ遊びに行くのだと嬉しそうに語っていました。皆自分の生活を大事にし、精一杯楽しんでいるようでした。

オランダ・ワーヘニンゲン農業大学の中庭で学生たちと（左から３人目が私）

ウエントの研究室見学

オランダ滞在中にユトレヒト大学を訪ねました。植物生理学の先達で植物ホルモンのオーキシンを生物試験で検出、定量するアベナ幼葉鞘試験法を確立したウエント（F. W. Went）の研究室があると聞いたので、できれば外からでも見ておきたいと思ったのです。構内をうろうろしていると「何をしているのか」と出てきた職員に咎められました。そこで、「有名なウエント教授の研究室を日本から見に来ました」と言ったところ、職員は相好をくずし、玄関の壁に飾られたウエントのレリーフ像や、彼が作成したアベナ幼葉鞘試験の実験道具などを見せてくれました。その実験道具は教室の隅の物置に無造作に積まれていました。また、ウエントが講義をした階段教室も案内してくれました。その職員はインドネシア人で、子どものときインドネシアが日本に占領された際に日本語を習ったと言って、私の手帳に「スーカルヨー」とカタカナで自分の名前を書いてくれました。こちらは少々後ろめたい気持ちになりましたが、大変友好的な人で安心しました。

7. 終わりに――外国留学のすすめ

クランツ先生から、家族連れではドイツ語はうまくならない、ドイツ語が堪能になるためには一人旅の方が良いと言われました。しかし、ドイツでもオランダでも英語を話せる人が多く、むしろ英語を話すのが楽しい感じで、研究者どうしでも街中でもコミュニケーションは英語で通用しました。大いに納得したのは、普通の会話は中学校レベルの英語で十分間に合うということでした。研究者との会話は専門用語も使うので日常会話より楽でした。

終わりに、できれば若い時期に外国へ行くことをお勧めしたいと思います。若者は外国で失敗しても恥にはなりません。年を取ってから恥をかくとプライドも傷つき、それを恐れて引っ込み思案になる傾向があります。

ドイツでの異文化コミュニケーション
―オルデンブルク大学―

山原　芳樹（鹿児島大学名誉教授）

1. はじめに

ルフトハンザ機がブレーメン空港に近づいて、下に見えてきたのは赤・黄・緑・濃紺の色帯が綺麗に並ぶ縞模様だった。赤色の屋根瓦、収穫物の残る畑地、針葉樹の森、そして河と湖が織りなす色の絨毯が鮮やかだった。旧知のイルゼ・マッテス夫人が運転するパサートに乗り込んで高速道路を西に50㎞ほど走ると、オルデンブルク市内の彼女のマンションに着いた。１９８１年10月8日、秋の気配が濃厚だった。

こうして、僕のドイツ連邦共和国における文部省在外研究員としての滞在が始まった。目的は、「F・シラーを中心とするドイツ古典主義文学研究」と「ドイツ語教授法研究」だった。しかし、ドイツ語教師としての自分に課した最大の目標は、言語運用能力の向上とドイツ文化・ドイツ社会のより深い理解にあった。「教室で習った外国語」には、常に抽象性と形式性が付きまとい、本来の表現が持っていた日常生活の泥臭さが抜け落ちてしまう。こうしたもどかしい気持ちを少しでもなくしたい、そう願っていた。

2. オルデンブルク市とオルデンブルク大学

14万人（現在は16万人）の人口を抱えるオルデンブルク市は、ニーダーザクセン（以下ＮＳ）州では4番目の「中都市」だが、２００５年以降はドイツに11か所ある大都市圏の1つ、「ブレーメン／オルデンブルク」メトロポール地区として、人口２７２万人を抱える一大産業圏を形成し、経済産業分野と科学研究領域および地域共同体の中核をなしている。

オルデンブルク大学（以下「オ大学」）は教育大学を母体として１９７３年に設置された新制大学で、僕が訪問した80年代初頭でも総合大学としての教育内容と教育組織の検討が熱心に行われており、黎明期特有の熱気と混乱が渦巻いていた。施設面でも図書館・体育館・学生食堂等の新築工事が進捗中だったが、並行して学際的分野における国際的な共同研究体制（海洋化学生物研究、風力・代替エネルギー研究、北西地域学等）を構築するプロジェクトが始まっていた。

3. オルデンブルクを訪れた目的

「母語教育」と「外国語教育」

60年代後半の東西ドイツでは、学生や外国人労働者および亡命者の数が急激に増加したことに伴って、「外国語あるいは第2言語としてのドイツ語」を教えることのできる専門家の育成が急務となってきた。この目的のために開設された教育研究組織としてのＤａＦ（外国語としてのドイツ語教授法）講座は、80年代初頭でもまだ誕生間もない学問分野で、対象分野も、比較対照言語学、言語規範研究、言語教育研究、異文化としてのドイツ文学、ドイツ事情等広範な領域に及んでいて、その学際性の整理と統合が急務となっていた。並行して、伝統的な国語教育に代わる、新しい「第一言語教育」のあり方についても見直しが始まっていた。

他方、日本でも大学改革の流れの中で、組織と教育内容の検証が始まっており、外国語教育も大きな社会問題の一つとなっていた。中央教育審議会および大学審議会が中心となって進めた「第三の学制改革」は、91年の大学設置基準大綱化で決定的な節目を迎えることになるが、80年代には各大学で教育研究の改善と組織改革に向けて熱い議論が繰り返されていた。そして国際化と個性重視の掛け声のもとで、外国語教育の目的と学習内容に関する問題提起もさまざまなレベルで行われていた。その一方で、従来は語学研究と文学研究の延長上に置かれていた「外国語教育」を、異文化理解、多文化接触という文脈から問い直し、独立した教育研究分野としてこれを位置付けることが重要だという認識が、定着し始めていた。

ヘルマース教授夫妻と教授宅にて

こうした状況の中で与えられた在外研究を機に、ドイツにおけるドイツ語教育がもつ「母語教育」と「外国語教育」という二つの学問分野を研究対象として、日本におけるドイツ語教育の、ひいては外国語教育の現状分析と今後の在り方を考察する手がかりを得たいと考えていた。そして、当時のオ大学には学問分野としてのドイツ語教育ディダクティクの基礎を作ったとされるH・ヘルマース教授がいた。彼は、作品の言語的、文学的、そして社会的な側面を論理的・美学的・歴史的に探究することを求め、その上で何が書かれているかを発見することが肝要であると主張し、理論構築と教材開発を指導していた。

シラー研究

学生時代から僕はシラーの創作活動と美学理論との関係に関心を抱き、時代思潮史の中でシラー研究を継続したいと思っていたが、この計画はシラーの足跡を辿ること、社会文学的な立場から考察するための研究資料を収集すること、同世代研究者の動向を知ることの三方向に広がった。

シラーの生涯を追いかける旅では、生誕地のマールバッハから終焉の地ヴァイマールにいたるまで、計9つの街や村を訪ねた。その半数は当時の東ドイツ国内にあって、入国手続きがかなり複雑だった。マールバッハでは、「国立シラー文学館」内に設けられた研究者用宿泊部屋を予約することができた。またヴァイマールでは、「国立ゲーテ・シラー公文書館」に数日間通いつめた。図書館は上記以外にも多くを利用したが、いずれも検索しやすく、高度の専門知識を有する職員が親切に対応してくれた。ドイツ社会の根底を支える重要な基盤の一つは図書館だ、と強く感じた。

ユーディング教授と（イルゼ宅にて）

『シラーの修辞法・理念的作用美学』を著したオ大学ユーディング教授のゼミに参加することができたのは、彼がW・イェンスの後任教授としてチュービンゲン大学「一般修辞学」講座に移る直前だったことを考えると、大変な幸運であった。教室では、積極的な自己主張と真剣な相互批評が交差する活発な議論の中でも、ユーモアに満ちたコメントが飛び出したり、思いがけない方面からの着想が披瀝されたりして、笑い声も絶えなかった。教授が古典主義文学研究の正統的継承者であると同時に、戯画作家W・ブッシュの研究家であることや、人気の冒険小説家カール・マイの愛好家であり、ユーモア戯画作家E・オーザーを高く評価していることは皆承知していたので、各人がさまざまな視点から論ずる訓練を重ねてきているに違いなかった。

ケンポフスキー研究

トーマス・マンを講じているM・ディルクス教授が、作家ヴァルター・ケンポフスキー（以下ＷＫ）の主催する「文学ゼミナール」に参加する機会を与えてくれた。ＷＫはスパイ活動の罪でソヴィエト軍によって強制労働25年の判決を受けたが、１９５６年に釈放された後にゲッティンゲン大学で教育学を修め、ブレーメン近くの小村ナルトゥムで小学校教師となった。１９７２年に発表した『タ－デルレーザー＆ヴォルフ商会』によって、ドイツ市民階級の日常生活を描く年代記作家としての立場を確立した。執筆活動のかたわら、オ大学の非常勤講師として「文学制作論」を講じ、自宅を会場にして社会人対象の文学ゼミナールを開催し、作家と読者そして出版・報道関係者を結びつける活動を続けていた。

ＷＫ作品の多くはコラージュ風、モンタージュ式に構成された長編小説で、組み合わされた短い文塊の中から、悲惨な20世紀を生み出したドイツ市民社会の悲喜劇と、歴史の流れの中で翻弄される人々の姿が浮かび上がってくる。90年に剽窃騒動に巻き込まれたが、２００５年に完結した共同集団日記『音響測深器』で、ＷＫ式表現手法を再認知させた。２００７年にドイツ連邦共和国・ケーラー大統領は、「フォルクス・ディヒター（国民詩人）」と呼んで彼を称えた。この式典の５か月後にＷＫは78歳で永眠した。

4．異文化体験の諸相

ドイツ到着の翌日、中世の面影が残る小路をぶらついていると、横から出てきた中年の女性が駅へ行く道を尋ねてきた。面くらいながらも、持っていた地図と磁石を使い、道路標識の街路名を頼りにどうにか正しい方向を見つけることができた。ドイツ生活の初日に遭遇したこの出来事は、この地で生活するための一種の通過儀式に合格したような満足感を抱かせたものの、何か心に引っかかるものを残したのも事実である。つまり、「一見して東洋人と分かる僕に、なぜ道を聞くのだ」との戸惑いだった。その後も、違和感を覚えさせる場面には何度も遭遇した。また、感動と喜びを感じさせる瞬間も数多く体験した。こうした「出来事」と「出会い」のいくつかを思い起こして、異文化に接したときのコミュニケーションについて考えてみたい。

街作り

知人が増えてくると、自宅に招待される機会も多くなった。そうした時、感心したことがある。すべての街路に固有名詞がついていることと、住所番地が偶数は右側、奇数が左側と決められていることである。こうした街路名は、地区の住民集会で原案を作り、市役所が認定するのだそうである。街区方式が主流となっている日本では、町名や番地を頼りに目的の住宅を探し当てるのが簡単ではなかったので、右記のような道路方式による住居表示はとても分かりやすく、住民目線で考えられているように思えた。

ドイツ人が住環境や社会的秩序を大事にすることは、よく知られている。街中では洗濯物を外に干すことはしないし、集合住宅やマンションでは「居住者心得」を守らなくてはならない。旧市街地区の表通りに面した建物については、高さや景観の統一を乱す改修や新築は認められない。

こうした規則正しさの背後に、実は極めて合理的な考え方と民主的な決め方が存在しているということに、やがて気がついた。例えば冬季の洗濯物は硬水が冷たくて汚れが落ちない上に、乾きにくく不潔になりやすい。必然的に下着等を煮て、屋内で乾かすことになる。したがって衣類の材質は煮沸に耐えることが必須条件となるし、熱風乾燥でも安全性が確保できる熱源装置と施設が必要になる。住宅全体を暖める集中暖房方式と、地下室に設置された煮沸洗濯機および物干し紐の設置は、陽光が乏しい環境の中で必要を満たすために住民が共同で工夫した結果でもある。下着にさまざまな素材が使われるようになっても、また熱源が電気やガスになっても、生活の根底を支えている考え方は簡単には変わらない。

ゴミや空き瓶を廃棄する場合も、極めて合理的に分別の仕組みが定着していた。あちこちの町角に置かれた頑丈な空瓶回収コンテナには色別の投げ入れ口が3つ備わっていて、資源の有効活用が図られていた。不要な紙類は、頑丈な強化プラスチック製のバケツに入れて表通りに置いた。ゴミ回収車が機械で挟んで持ち上げて空にする形で何度も使用されるこのバケツの容量によって、市役所に支払う代金が決まっていた。やがて90年初めに「包装物廃棄政令」、「ＤＳＤ（デュアル・システム・ドイチュラント）」そして「グリューネ・プンクト制度」等の政策が導入されたが、80年代初期にもすでに環境意識が市民生活の中に深く根付いていたように思う。

手作りの精神

資源の有効活用という考えは、いろいろなレベルにおける物作りの最初の段階から一貫している。「身近な材料で、良い物を、自分の手で作ることを良しとする」社会的合意ができあがっている。家庭菜園やレジャー用小菜園で採れたウリやインゲンをピクルスに漬ける。野山で摘んだブルーベリーやキイチゴはジャムやシロップにする。庭のリンゴやプラム、サクランボは生食し、パイやケーキに焼き、ジュースやマーマレードの瓶詰にして地下室に貯蔵する。種類によっては専門の醸造所に頼んでアップルワインや、蒸留酒キルシュヴァッサーに変えてもらう。

冬に備えた保存食の加工が主婦の重要な仕事だとすれば、家長である男の趣味は実益を兼ねた家作りと庭の手入れである。隣村の小学校教師をしているジギーは友人たちの助力を得て、大きな2階家を作り上げてしまった。また彼は猟師の資格も持っていて、仕事内容を説明してくれた。すなわち、①大暴風オルカーンがなぎ倒した森林の整理と植樹、②鹿等の食害から若苗を守るための柵作り、③頭数調整のための鹿や兎の狩猟、④誕生直後の犬の躾、

⑤猟銃や罠の修繕等々についてである。村の先生としての彼は自宅を建て、生徒を育てるだけでなく、自然と人間が共存する村落共同体を作り上げるための要としての役割も担っていた。

理科が専門の小学校教頭のネメチェック氏は、庭の片隅で大きく成長したポプラを切り倒して暖炉の薪にし、ひと冬の暖房代を節約した。クリスマスが近づくと庭のモミを掘り起こして居間に運び込み、飾り付けの指揮をとった。麦藁細工のオーナメント作りも年季が入っていた。小学生だった3人の娘に子供用大工道具を贈って、作品作りの相談に嬉しそうに答えていた。

奥さんのカーリンはハーフタイムの小学校教師だったが、家族揃って自宅で温かい昼食をとる、という伝統的な習慣を守っていた。ドイツ・マイスター制度は、それぞれの家庭で大事に伝えられている「手作り精神」の上に築かれていることを強く感じた。

人作りと多様性

キャンパスに入ると、学生の「外見上の多様さ」に圧倒される。体格や容貌はもちろんのこと、眼や髪・肌の色、そして身に着けている衣服の色・形・種類、本当に「いろいろ」である。年齢層も「さまざま」な世代が集まっていて、中には子供連れの社会人学生すらいる。

DaF研究の一環として市内の語学学校を参観した折、授業を一度担当してみた。生徒は東欧残留を余儀なくされたドイツ系家族の子女で、訛りの抜けない20～50代の成人が、「きちんとしたドイツ語を使えるように」と文法事項の習得に懸命だった。ここの生徒たちも見かけだけでは、ドイツ語学習中の大人であるとは分からない。しかし、正しい言語表現を用いて正確に自分の意思と能力を伝えることが肝要であるとされるこの社会で生き延びるために、必死に「外国語」学習に取り組んでいた。

和食パーティでの外語学院生徒たち
（イルゼ宅にて）

ある時、日本紹介のスライドと和食のパーティに招待した。みな大喜びだった。後日、この時の謝礼と僕の40歳の誕生日を祝う自筆メッセージが全員分入った封筒が届いた。

夏のある日、北海干潟ハイキングに出かけた。干潮時に姿を現す砂州をたどりながら島まで歩く企画だが、危険なので必ず専門の案内人をつけなくてはならない。島に近づき泥から砂州へ、そして草原に入って行くと、けたたましく鳴くアジサシの群れが頭上を飛び交う。

やがてバンガローの屋根が現れ、数人の姿が見えてきた。全裸姿の老若男女が、食事の準備をしていた。北海沿岸部にもいくつかあるＦＫＫ（裸体主義、ヌーディズム信奉者）用キャンプ地の一つとのことだった。

ある時、ローカル新聞に興味深い記事が載った。「通例、公共のプールで水着をつけずに泳いでいたら、監視員は警告を発する。しかしここでは、事態は正反対である。市内の主婦Ａさんが水泳を楽しんでいたら、水着を脱ぐよう職員に言われた。プールを飛び出した彼女は、理不尽な指示に対する怒りを当コラムに訴えてきた」そんな内容だった。そして「これは、大学付属プールのことである。大学当局の話では、以前から市民の誰もが利用できるオープンシステムをとっていたが、最近要望が寄せられたので、ＦＫＫ専用の時間帯を設けることにした。その間にプールに入る者には、水着着用を禁止している、とのことだ」と続いていた。ＦＫＫの社会的位置づけについて、いろいろ考えさせる記事ではあった。

自己責任の社会

町を歩いていると、危険個所を知らせる掲示をよく見かける。「自己の責任で！」と書いてある。「どうぞ十分ご注意ください！（万一の場合、当方は責任を負いかねます）」という、冷ややかな当局の声が聞こえてくる。日本の駅や空港、デパートで何度も繰り返される「警告」と「お願い」の親切な音声に慣れてしまった自分を感じる。

「ボタンを押したり、ドアを引いたりする行動」は各自が自分で行うものだと想定されている理由は、無駄な開閉をして冷たい空気が車内に流れ込むのを避けるためでもあるそうだ。建物を訪ねた時は、そこの住民に玄関扉の施錠を外すボタンを押して貰って初めて中に入ることができるというシステムを、市役所でも経験した時も同様に異国を感じた。

こうした防犯と防寒システムが、「鍵社会」と言われるドイツの生活習慣の根底にあることを教えてくれた経験ではある。

ドイツ的快適さと歓待の心

先に紹介した教頭のアルヴィートは、毎週水曜日の昼食に誘ってくれたうえに、復活祭やクリスマスの祝祭日、娘たちが通う小学校の授業参観日や学芸会、あるいは同僚や隣人たちと過ごすホームパーティや子供たちとのテニス、水泳等に出かける時は必ず声をかけてくれた。中でも街を貫くフンテ河が凍結した真夜中、暗闇の中に月明りで白く光る氷上を2人だけで数キロメートル、スケートで往復したことを、昨日のことのように思い出す。この家族を通じて僕は、ドイツの家庭生活のあり方をすべて見せて貰った気がする。

ベズーデン教授は、折にふれてバレーボール練習やヨット帆走、あるいはこの地域では名物行事であるコール・ファールト（縮葉ケールを煮込んだ伝統料理を食べに行く冬季のハイキング）等の学内外で開くいろいろなイヴェントには必ず声をかけて下さった。数学教育界の権威で、元教育大学学長の先生のもとには、ご夫妻のお人柄を慕って多くの大学人が集まってきたので、いろいろな方々と知り合うことができた。例えば音響心理学が専門のA・シック教授、トリム運動を提唱した社会スポーツ科学のJ・ディカート教授等である。また、2年目には木曜ごとにご自宅にお邪魔して、昼食を頂戴しながら諸々の相談に乗って頂いた。家族が日本から来た時は盛大な歓迎バーベキューパーティを開き、帰国時にネメチェック家で開かれたサヨナラパーティに夫婦で参加して下さった。

お別れパーティ（1982年8月）
ネメチェック一家、山原一家、ベズーデン夫妻、イルゼ・マッテス夫人と仲間たち

帰国当日の北西ドイツ新聞朝刊に次のような内容の記事が載った。このたびオ大学で2年間の研修滞在を終えた日本の大学教授山原芳樹氏は、「日本人としては考えられないほど人付き合いが良い」側面を見せてくれた。「驚くほど広い範囲にわたる彼の友人知人たち」が営む日常生活に、このゲルマニストはとりわけ興味を示した。「ドイツの方々が示して下さった友情はとても嬉しいものでしたし、この地の食事もとても気に入りました。もちろん、グリューン・コールもです」、また、ドイツ文化やドイツ社会と出会って、「日本のことについても、多くのことを考えざるを得ませんでした」と彼は語っている。

帰国して

帰国後は、教育研究と学会活動に取り組み、幾つかの企画を提案・実現した。例えば、「ドイツ語合宿研修事業」、あるいはドイツ語圏作家や研究者を迎えての「朗読・講演会」である。支部学会では「ドイツ語教育部会」の設立と活動の充実に努力した。また、「日本におけるＤａＦ」、「ＷＫの作家活動」、「外国語植物名の同定問題」等のテーマにも考察を加えた。さらに、鹿児島大学教育学部における国際理解教育専修の設置に尽力した。

夢中で眼前の課題に取り組んでいるうちに、ヘルマース教授、マッテス夫人、ＷＫが世を去り、多くの友人知人も齢を重ねた。自分も現役を離れて5年が過ぎた。贅沢な時間を過ごすことを許してくれた同僚諸氏、そしてオルデンブルクの町とお世話になった多くの方々に心から感謝していることを、最後に付言しておきたい。

キューバ・カナダでの異文化コミュニケーション

丹野　憲昭（山形大学名誉教授）

1. はじめに

本書の編著者のお一人である長谷川宏司先生から私が以前訪れたことのあるキューバと、滞在したことのあるカナダについてそこでの体験を紹介するようにと、この機会を与えていただきました。しかし、彼の地での私の体験は15年以上も前のことです。したがって私の知っているキューバやカナダはその頃のキューバやカナダであり、何分昔のことなので記憶が薄れている面もあり、また現在の彼の地とは大分様子が違っているかもしれません。その辺の事情をご理解いただいたうえで、彼の地での私の体験を紹介させていただくことにします。

2. キューバ・ハバナ

ハバナへ

1994年7月下旬から8月初旬までアメリカ合衆国オレゴン州コルヴァリス（Corvallis）のオレゴン州立大

学で開催された「植物の休眠に関する国際会議」の帰路、私は、「ヤマノイモ属植物の休眠」研究グループのリーダーであられた前千葉大学教授の岡上伸雄先生にお伴して、ヤマノイモ科（Dioscoreaceae）のラジャニア（*Rajania*）属の植物を観察するためキューバまで足を伸ばすことになりました。

ヤマノイモ科は、私たちが日頃食べているナガイモやヤマノイモ（ジネンジョ、自然薯）などが含まれている植物学上のグループで、これらの植物には通常発芽を誘導する植物ホルモンであるジベレリンによって発芽が抑制されるという特異な性質、いわゆるジベレリン―誘導休眠、がみられます。私たちはこの性質の仕組みに興味をもってヤマノイモ科の植物を調べていました。ヤマノイモ科には、熱帯域に分布する植物が多く、一部の植物は根が肥大し食用に供されています。この科は８属からなり、ナガイモとヤマノイモは非常に近縁な仲間で、その中の最も大きなグループ、ヤマノイモ属に属しています。キューバやコスタリカなどのカリブ海域にはこれらの地域に固有の属、ラジャニア属の植物が自生しています。この属はヤマノイモ科の中で最も進化したグループと考えられており、私たちにとってヤマノイモ科植物の進化と休眠性獲得との関係を解明する上で大変興味深い実験材料です。

社会主義国キューバ

１９９４年８月８日から11日までの３泊４日、キューバ共和国（La Republica de Cuba）の首都ハバナ（La Habana）に滞在しました。キューバはカストロ大統領政権下の社会主義国で、私にとっては距離的にも、心理的にもとても遠い国でした。渡航にあたっての事務的手続きについては、同行の岡上先生にしていただいたので私自身では煩雑な手続きの実感はありませんでした。旅行社からのパンフレットにキューバは「カリブ海の真珠」と謳われているように、この国が観光で成り立っていることがわかります。キューバへ入国するためのルートとしては、アメリカとの国交がないため、アメリカから直接キューバに入ることはできず、カナダを経由するかメキシコを経由するしかありません。そこで、私たち2人はダラスからメキシコシティーを経由してメキシコ航空でハバナに入りました。

アメリカなど自由圏での旅行とは違って、キューバを旅行するには、あらかじめ申請したツーリストカード（一種の入国査証）の交付を受けなければなりません。その際、ホテルに2泊以上の宿泊予約が必要になります。観光で外貨を得ようとするこの国の国策が窺えます。ハバナではガイド付きのツアーになりました。ホセ・マルティ国際空港の入国審査は厳重を極めました。自由圏諸国のオープンな入国審査とは違って四面を壁で仕切られた個室に入れられ、厳しい表情の審査官にジッと睨まれての審査で、無事にこの部屋から出られるかと不安になるほど緊張しました。入国審査が終わってホッとして空港ロビーに出た私たちは「おかがみ様、たんの様」と名前を平仮名で書いたカードを持って待っていた、日本語のできる中年のキューバ人女性のガイドに車で宿泊ホテルであるハバナ・リビエラへ案内されました。それから始まった社会主義国キューバの、それも首都ハバナだけでしたが、3泊4日の体験は、それまで想像だにしなかったカルチャーショックそのものでした。私たちが3泊したホテルは、旅行案内書では5つ星クラスなのですが、老朽化が激しく驚くばかりでした。玄関ロビーのソファーは貼ってある布が破れたまま。それでも、ホテルのロビーは外国からと覚しき白人系の観光客で賑わっていました。また、ホテルのロビーに立っていると、くたびれた白いスーツ姿の大学教授を名乗るキューバ人の老紳士が私に近寄ってきて、旅の目的を訪ねたり、自分が書いたというスペイン語の古ぼけた教科書を見せたりして、英語で話しかけてきました。しかし、なぜ外国人旅行者に近寄って来るのか、国外の情報が知りたいのかなどとも思ったりしましたが、その老紳士の意図がわからず困惑しました。

ギフトショップなどでの支払いは、米ドルでした。アメリカと国交がないにもかかわらず、米ドルとは驚きでした。観光以外にほとんど収入の道のないこの国の外貨獲得に躍起になっている様子が窺えました。

ラジャニアを探して

次の日のガイドは若い男性でした。彼は日本語を解しませんでしたが、英語で話したところ学生とのことでした。彼の案内で、ラジャニアという植物についての情報を得るため、国立植物園（Jardin Botanico Nacional de Cuba）へ車で向かいました。植物園は広くてよく整備され、温室も完備した立派なものでした。園内の見学は案内の専門ガイドがついて、要所要所はバスで移動するという充実したものでした。園内では残念ながらラジャニアを見つけることができなかったので、この植物についての資料を入手すべく研究室を訪ねましたが、研究員は夏期休暇中で、だれ一人会うことができませんでした。そこで、ガイドに案内してもらい、ハバナ旧市街にある科学技術環境省に向かいました。そこでハバナ郊外に科学技術環境省の分類生態研究所があり、そこに研究員がいることを聞き出しました。

翌日、私たちはガイドなしでしたが、タクシーで科学技術環境省分類生態研究所に向かいました。タクシーの運転手はスペイン語しか話しませんでしたが、何とか研究所にたどり着くことができました。研究所では、キュレーターのオヴィエド博士に会うことができ、彼女に施設内を案内してもらいました。中国製の双眼実体顕微鏡などがありましたが、設備が整っているようには見えませんでした。岡上先生が英語でヤマノイモ植物の休眠性についての研究内容を紹介したところ、オヴィエド博士は私たちの研究に興味を示されて、せき葉標本庫の中から数点のラジャニア属植物のせき葉標本を探し出して来てくれました。せき葉標本は充実しているようでしたが、これらの標本の植物は、葉の形態の違いなどから見る限り、ヤマノイモ科の植物によく見られるように同名異

科学技術環境省分類生態研究所にて
左から２人目が筆者、３人目がオヴィエド博士、
他の２人は実験助手（岡上伸雄先生撮影）

種が含まれているようにも感じられました。それでも念願のラジャニア、*Rajania tenuiflora*のせき葉標本ＨＡＣ(Herbario de la Academia Ciencias)、No.２１４４５を見ることができ感激しました。ただ、残念ながら〝生〟の植物を見ることはできませんでした。皆で記念写真を撮りましたが、女性職員の一人は気軽に腕を組んできて、その人懐こさにはびっくりでした。

ハバナ市内

空港からホテルや植物園へ向かう車の車窓から眺める光景は，あまりにも日本と違っていて印象深いものでした。１９５０年から６０年代か、革命前かその頃のアメリカの大型で、しかもポンコツの乗用車がまだ現役で走っていて、まさにクラシックカーのオンパレードでした。そして、それらの車がエンストして、幾人かの人が車を押している光景をよく見かけました。

ハバナ旧市街　スペイン統治時代が窺える

モロ要塞などの観光スポットはよく整備されているようでした。要塞前のバス停でたまたま乗り合わせたバスは、乗客が自転車を持って乗り込む、座席のないシクロバスでした。この種のバスを見たことのない私には興味深いものでした。自転車がなくても私たちは乗車できましたが、自転車は庶民の足になっているようでした。

旧市街の町並みはスペイン統治時代を偲ばせる重厚で立派な石造りの建物が立ち並んでいて、堂々としたものでした。しかし、老朽化が激しく傷んだままの建物も多く見かけられました。

町の人は人懐こく開放的でした。私たち２人が広場を通りかかると、サッカーボールを蹴って遊んでいた、半ズボン姿の子どもたちが「チーノ（Chino、中国人）、チーノ」と囃したてて、私たちに寄って来てズボンのポケットにまで手を突っ込んできて小銭をせがまれたのには、さすがに驚き閉口しました。

3. カナダ・カルガリー

移民の国カナダ

私は、在外研究員として１９９６年5月から１９９７年1月までカナダ・アルバータ州・カルガリー市にあるカルガリー大学（The University of Calgary）生物科学科（Department of Biological Science）のファリス教授の研究室に滞在しました。その間、私たち家族はカルガリーで生活することになりました。カルガリーでの体験をお話しするはじめとして、カナダについて簡単に紹介しておきましょう。

カナダは世界第2位の非常に広大な国土に、標準時が6つもある国です。日本から太平洋を渡って最初のカナダ、西海岸のブリティッシュコロンビア州のヴァンクーヴァーとロッキー山脈を隔てた隣のアルバータ州のカルガリーとの間にも1時間の時差があります。

カナダはアメリカ合衆国同様多民族国家で、ケベック州、モントリオールを中心とするフランス語圏とその他の英語圏からなっており、フランス語と英語が公用語となっています。カルガリーに居ると、周囲は英語一色で公用語が2つという感覚はあまりありませんが、東海岸のモントリオールでは、通りの名前がフランス語や英語、そして地下鉄でのアナウンスはフランス語のみというふうでした。カルガリーでも、深夜、テレビ放送終了時には英語とフランス語で国歌が流れ，カナダが2つの公用語をもつ国であることを実感させられます。カナダの英語で面白いと感じるのは、綴りは英国式なのですが、発音はカルガリーで聞く限り米国式のようでした。カルガリーでは、住民の多くは白人系ですが、インド系、中国系、韓国系の移民も目立っているので、私たちを見かけても外国人とは思わず、カルガリーに来て間もないうちから道を尋ねられる始末です。

カルガリー大学

カルガリー大学は創立当初アルバータ州の州都エドモントンにあるアルバータ大学のカルガリー校（The University of Alberta at Calgary）として発足したようですが、カナダでも有数の総合大学として発展していました。原油会社のシェル・カナダによって支援されているというだけあって、広大なキャンパスにゆったり立ち並ぶ、おのおの堂々とした近代的ビルディングの立派さには、圧倒されました。おのおの建物は要所、要所がモール（mall）という回廊式遊歩道で繫がっていて、厳寒の冬季でも屋外に出ることなく建物から建物へ移動することが可能になっていました。生物科学科の建物はキャンパスの東北端の重厚な7階建てのビルディングで、ファリス教授の研究室と実験室は4階に集中していました。モールから続いているビルディング2階の正面扉を開けると目にはいる、壁一面に展示された恐竜の化石のレリーフが印象的でした。カルガリー近郊のドラムヘラー地域（Drumheller Area）は恐竜化石の産出地で、そこには多数の恐竜化石が陳列されていることで世界的に有名なロイヤル・ティレル・ミュージアム（Royal Tyrrell Museum of Paleontology）という立派な博物館がありました。そのような土地柄か、カルガリー大学生物科学科には古生物系統学の講座があり、これがこの学科の特色でした。カルガリー大学のキャンパスの正面の入り口には門扉はありませんがチヌーク・アーチ（Chinook Arch）と呼ばれるアーチ状の門がありました。チヌークはカルガリー地域の先住民族の一部族名で、チヌーク・アーチはその地に立つ大学を象徴しています。キャンパス内には路線バスの停留所があり、誰でも自由にキャンパス内に出入りできるようでした。

ファリス教授

ファリス教授は植物の成長とジベレリンという植物ホルモンとの関係を研究している世界的権威の一人で、当時はすでにリタイア（retire 退職）していました。「リタイア」というとカナダでは、授業（teaching）から手を引くことで、ファリス教授は研究室を運営し、数名の、実験助手と大学院学生を抱えていました。実験助手の中にはチェコスロバキア系や中国系カナダ人がいました。また大学院生にも、アメリカや中国からの留学生がいました。ファリス教授は気さくで親切な方で、日本人研究者の多くが英語での会話に不得手なことを心得ているらしく、私にも大事なことを伝える時は英語で紙に書いてくれました。これには非常に助かりました。研究室のメンバーも親しみやすく、親切で、お陰で楽しく有益な研究生活をおくることができました。

ファリス教授夫妻は、12月のクリスマスシーズンになると、私たち家族を含めて研究室のスタッフや学生を家族ぐるみで自宅に招いて盛大なクリスマスパーティーを催してくれました。カウガール（cowgirl）のスタイルできめて来る女性スタッフもいました。

カルガリー大学で開催された国際学会にて
左端はファリス教授、右端は筆者

カウボーイの町カルガリー

カルガリーは、原油を産出するアルバータ州の原油産業の拠点であることから、州都エドモントンを凌ぐ大都市で、カナディアンロッキー観光の中継地にもなっています。カウボーイというとアメリカ中西部を連想しますが、カルガリーもカウボーイの開拓者の町でした。毎年7月になるとカルガリースタンピード（Calgary Stampede）という一大イヴェントがあり、賑わいます。このイヴェントはロディオ大会を中心にしたカナダ最大のカウボーイの祭りで、また、牧畜牛や農産物の展示会なども催されるこの地域最大の農業祭でもあります。スタンピードに限らず、カナダ・デイ（Canada Day）などの祭りには必ずといってよいほど、この地の先住民インディアンの騎馬パレードや、踊りがありました。その他によく見かけたのは、バグパイプの演奏でした。これらは先住民としてのインディアンとそこに移住して来た欧米人との融合を象徴しているように感じられました。

カナダで自動車を運転するため日本から国際免許を持っていきましたが、ファリス教授の助言もあって現地のアルバータ自動車協会（Alberta Motor Association）のインストラクターによる公道での路上教習を1回2時間で5回程受けました。毎回インストラクターはトヨタの車、ターセルに乗って約束した時間にアパートまでやって来て、その車で私は公道に乗り出すことになりました。私の乗っている車の話をすると、彼はターセルを、一番良いと言って誉めていました。カナダでは日本車の評判は良いようでした。車に限らず、家電品もパナソニック、ソニーなど日本ブランドは人気があり、定評でした。教習では「pedestrian（歩行者）第一」で運転するように注意されました。道路を横断しようとする歩行者を見たら、必ず停車するようにということでした。日本ではついつい歩行者を無視して運転しがちですが、カナダでは徹底して歩行者優先です。

カルガリー・スタンピードの先住民インディアンの騎馬パレード

カルガリー大学には客員用の立派な宿泊施設が数棟あり、私たち家族もカルガリー到着直後1週間ほどその1棟、Gracier Hall（氷河ホール）に仮住まいしました。その間、私たちの世話をしてくれた博士課程の男子学生に車で案内されてアパートを探し回りました。彼には、この他に口座を開設するために銀行に案内してもらうなど、いろいろカルガリー到着からカルガリーを離れるまでお世話になりました。私たちがお礼を言うと、彼はさり気ない素振りで「You are welcome（どういたしまして）！」と答えて、何ともさわやかで印象的でした。カナダ人のホスピタリティーを感じました。

アップタウンの郊外の住宅地を見ていると、ダウンタウンのガラス張りの、人工的で近代的な高層ビルディングに対して、住宅地では自然を活かして木造住宅を配置するという町造りのコンセプトを感じました。アパートの冬季の暖房は天然ガスの集中暖房で、建物内の各個共通の通路も暖房が完備されていました。集中暖房は大学でも同じで、屋外はマイナス20℃でも，屋内ではアパートに限らず大学でもどこでもTシャツ姿で過ごすことができるほどの暖かさです。夏季でも高温多湿ではないので、クーラーはありませんでした。

秋になって、アパートの近所の住宅地を家族で散歩して見かけた、木々の葉が、ポプラの類が多いためか、黄色に〝紅葉〟して、風で一斉にヒラヒラと舞い落ちる様は印象的でした。研究室で、そのことを話題にして、「日本の秋は赤のイメージだ」と話すと、「カルガリーの秋はゴールド（gold 金）だ！」とかえってきました。納得でした。カエデの生育している東海岸ではまた違ったイメージ、もしかしたら赤のイメージかもしれません。

キャンパスライフ

昨今、大学のキャンパスではセックスハラスメント、パワーハラスメントなどの各種のハラスメントを防止するための対策がなくてはならないものになっていますが、当時からカルガリー大学の学生センター（McEwan Student Centre）など、学生の集まる、いたる所にハラスメントにあったらどうすれば良いかを学生に知らせるパンフレットが置いてありました。ファリス教授はいつもオフィスのドアを開けていて、私も教授に部屋のドアを開けておくように注意されたことを思い出します。これもハラスメント防止のためかと思いました。

研究室の学生の研究の仕方を見ていると、割合ゆったりと実験しているように見受けられましたが、同室の実験助手の人は勤勉に仕事をこなしているというふうでした。それでも、午後5時（冬季では午後4時30分）以降になると実験室には誰もいなくなるようでした。私の研究テーマは、放射性トリチウムで標識されたジベレリンを短銀坊主という矮性のイネの芽生えに与え、ジベレリンの代謝を、放射能を指標にして調べるものでした。実験に有機溶媒を用いるので、実験室には、生物系の実験室であっても、排気設備が完備した大型の実験台が設置されており、当時の日本の規模の大きな大学とくらべても、設備は整っていました。このことは、後になって私たちの実験室の改修に大変参考になりました。化学系の学生実習でも、学生はゴーグルなどを着用しており、安全面に配慮が払われていました。最近私たちの化学系の実験室でも安全面の配慮が行き届くようになってきて、隔世の感があります。

4. おわりに

私がはじめて海外に旅行したのは1992年で、それもアメリカのみでした。1994年のキューバはアメリカ以外のはじめての国で、しかも社会主義の国でした。私のハバナ体験は、キューバが観光立国の国とはいえ、空港での入国審査から出国までは緊張の連続で、カルチャーショックそのものでした。この度、忘れかけていたキューバを再びよみがえらせるために図書館で借りて読んだ、あるキューバ紀行記に1997年当時のハバナについて、「ハバナの表と裏」という項目がありました。改めて当時を思い出してみるに、私は、キューバが私たちの住んでいる国とはあまりにも体制の異なる国のこともあってか、当時のキューバの暗い側面ばかりにより強く気をとられていたように感じました。しかし、当時の写真を見るにつけ、そこには南国的おおらかさで、明るい人々の暮らしがありました。キューバの人々の生活ぶりは、常夏のラフな服装のせいもあってか、決して豊かとは見えず、50年以上も前の私たちの生活を彷彿とさせるものでした。

カナダは移民の国、そしてカルガリーはカウボーイの、開拓者の町でした。このような地で生活するには、人々の助け合いが欠かせなかったのでしょう。このようなことは私たちも何度も経験しました。カナダの人々は日本人に対して友好的でした。私たち家族が出会ったカナダの人々はファリス教授はじめ誰もが親切で、困った時には助けてくれる、それも行き過ぎない程よい助け合いの心が行き渡っていました。ここに移民の国ならではの暮らし方があるのでしょう。

1年足らずではありますがカルガリーに住んでみて、「人々はフレンドリーで、治安も良く、暮らしやすい国」というのが私たち家族のカナダの印象でした。

グローバルマインドをめざして

1996年から1997年当時、カナダやカルガリー大学で見聞きした一つひとつのことが、今日の日本、しかも私たちが暮らしている山形でも珍しくなくなりつつあります。例えば、私たちが毎週買い物したショッピングモールは山形でも郊外型の商業施設として次々に開発され、賑わっています。クリスマスシーズンになると、夜のバスツアーで楽しんだ、趣向を凝らしたイルミネーション（電飾）で飾った住宅が山形でも増えてきました。ハロウィンを祝う習慣もまた、根付こうとしています。中華街で目の当たりにした携帯電話の普及ぶりなどなど、然りです。大学では、ハラスメント対策が重要になっています。これらのことは、私たちを取り巻く社会にグローバル化の波が押し寄せている現れではないでしょうか。

グローバリゼーション（globalization）またグローバル化とは、国と国とがその垣根をなくして地球規模で一体化することを意味し、国と国とがその垣根を保って接する国際化とは異なった概念のようです。しかし、グローバル化は国と国とがお互いにそれぞれの文化を尊重してこそはじめて成り立つものと考えます。そして、若い時から自国の文化、すなわち日本文化に親しんで、外国の文化に触れることがグローバルマインドを身につける上で重要ではないでしょうか。

オランダ、ドイツ、ポーランドおよびアメリカでの異文化コミュニケーション

上田　純一（大阪府立大学大学院教授）

1. オランダと東西統一直後のドイツにて

私は現在まで、1カ年程度のいわゆる長期海外出張の経験がなく、一番長い滞在でも3カ月に満たない。私には、他の先生方が長期海外出張を経験されるちょうどそのような年齢にさしかかった時、複数の海外の研究者から在外研究者として招聘される機会があった。しかしながら、個人的には誠に残念なことであったが、当時の勤務先での諸事情によってその実現には至らなかった。したがって、私はできるだけ海外で開催される国際会議等へ出席し、積極的に海外の研究者達と議論を深めようと思ってきた。そのような状況の中で、1991年7月21日～7月26日までオランダ、アムステルダム郊外のRAI国際会議場で第14回国際植物成長物質会議（IPGSA）と、7月28日～7月31日にそのサテライトシンポジウムがドイツ、ハレ（Halle/Saale）にある植物生化学研究所で開催された。私は、ハレのSembdner教授の招聘を受け、ジャスモン酸に関する講演を行うために第14回IPGSAとそのサテライトシンポジウムに出席した。

アムステルダムではとても恐ろしい経験をした。ある日の早朝、私は人通りがほとんどないアムステルダムで有

名な通りの1つであるライツェ通りを歩いていた。向こうから背広にネクタイ姿の中年の紳士がやって来て何やら声を掛けてきたのである。もちろん英語なのであるが、最初は何を言っているのかわからなかったので、そのまま無視をするように歩みをすすめたところ、その紳士は大声でたぶん「ワイフ（wife）」と叫んで追いかけてきたではないか。私はとっさに、この人はホモセクシュアルで、聞こえに勝る東洋人男性の美貌に目を奪われて、何としてもモノにしようとしているのではと思い、これはたいへんと一目散に走って逃げ出した。私もまだ若かったので、全力で通りという通りを疾走し、その紳士を振り切ることができた。何やら運河の側に出てしまい、息を整えていると、今度はその通りの反対側から、筋肉隆々の若者が大声で、「ワイフ、ワイフ」と叫んでいるではないか。これはたいへんな状況に陥ったことを悟り、再び通りを方向もわからず全力で走り出し、今般も何とかその若者を振り切ることができた。さて、問題は自分の居る場所である。アムステルダム市内には間違いないものの、アムステルダム中央駅がどの方向か、自分のホテルがどちらの方向か、またまたＲＡＩ国際会議場はどこにあるのか、まったく見当がつかず、生憎市内の地図や磁石も持ちあわせていなかったので、完全に迷い子同然になってしまった。そのようなおそろしい経験をした直後であったので、当地の男性には不信感をいだき、決して道を聞こうとはしなかった。かといって女性の姿は皆無で、これはえらいことになったと一人悩みながらとぼとぼ歩き回っていた。運河に架かる橋を幾つも超え、路面電車の線路を幾つも横切り、ほんとうに長時間歩き回った結果、とうとう見覚えのある公園が見えてきた。それは、アムステルダム国立博物館やゴッホ美術館、アムステルダムコンセルトヘボーなどが立つ最初に走って逃げたライツェ通りの南端であった。時計を見るとお昼前で、結局アムステルダム市内を5～6時間も走り、また、歩き回ったのである。知っている単語を使ってコミュニケーションを取ることは大切であるが、当地におけるその単語の別の意味やそのニュアンスを理解することも大切であることを、身をもって思い知らされた。

アムステルダムのライツェ通り（2008年の訪問時に撮影）

そのような恐ろしい思いをしたアムステルダムでの第14回IPGSAも無事終了し、次はドイツ、ベルリン経由でハレの植物生化学研究所行きである。御存知の方も多いと思うが、ハレは旧東ドイツにあり、古典派の著名な作曲家の1人であるヘンデルの誕生の地でもある。ハレは、ベルリンから列車で約2時間の距離にあるザクセン=アンハルト州の都市である。ハレは第2次世界大戦中に空襲をあまり受けなかったようで、多くの歴史的建造物が残っている。旅程の関係から、アムステルダムのスキポール空港からKLMオランダ航空の比較的小さなCityhopperでドイツ、ベルリンのテーゲル空港に降り立ち、その日はベルリンにて宿泊することにした。明日のハレ行きの鉄道の切符を買うためにベルリンのツォー（動物園）駅（Zoologischer Garten Hauptbahnhof）に行った。日本を発つときに、今、すなわち1991年のドイツは、1990年10月3日に西ドイツと東ドイツが統一されて間もない時だから、旧東ドイツを旅するのであれば、鉄道は1等車で行きなさいと教わった。当時はツォー駅でさえもインフォメーションはなく、外国で鉄道の切符を買うなど私には初めての経験で、どこでどうして買ったらよいものか検討もつかず、駅をうろつきはじめたところ、運良く、日本の集札窓口とよく似た窓口の前に数十人の行列ができているのに出くわした。窓口はざっと十数カ所あるのに開いている（業務を行っている）のはほんの2～3カ所で、人々は不平を言わずに（私がそのように思っただけかもしれないが）順番を待っていた。順番が進んで、窓口が近くなってわかったことであるが、出札業務を行っている若い女性は、ハンバーガーをほおばり、コーラを飲みながら仕事をしていた。日本ではブーイングものである。その上、どうも近郊の切符も国際列車を利用するための長距離切符も同じ窓口で販売しているらしく、後者の場合には、その都度、後ろに並んでいるその国の分厚い冊子を開きながら（当時はコンピュータで管理されていなかったので）料金を確かめて計算しているので、時間のかかることこの上ない有様であった。ようやく私の順番になり、ハレまで1等を1枚と片言の英語で話したが、まったく通じず（私の英語がよくないことがその理由ではなく、英語をまったく理解できないからである）、仕方なく、持っていたメモにHalle/Saale, 1st（これは絶対にerste Klasse bitteと書くべきであった）と書いて見せたら、「ノインツェーンマルク（neunzehn Mark）」すなわち19ドイツマルク（当時で、約９００円だと思うが）と言うのが聞こえた。私は実際、ドイツ国鉄は何と安い鉄道だろうと思った。さて次は1等の指定席券を手に入れることである。駅で販売しているには違いないが、どうもこの窓口ではなさそうな雰囲気であったので、19ドイツマルクの切符を握りしめ、再び、駅をうろつきはじめた。最初目についたのは、現在の我が国の主要駅にある「緑の窓口」風の場所で、カウンターを挟んで、業務担当者と乗客が切符と代金をやり取りしている風景であった。当然、そこもごった返していたのだが、近づいてみるとそれは鉄道の切符ではなく、航空券のようであった。再度、入口に回って上を見上げたら、確かにそこには飛行機の絵が書かれた小さな看板があった。鉄道の指定席はどこかと捜していたら、その反対側に、やはり大勢の人々が並んでいるカウンターがあり、そこが目当ての指定券や特急券の販売窓口であることがわかった。早速、時刻表でお目当ての列車を見つけて窓口で1等のベルリン―ハレ間の指定席を購入することができた。私は数度にわたりドイツを訪問しているが、2度目に訪れた１９９8年には、各駅もすっかり様変わりし、インフォメーションの充実に加えて、切符の販売等はすべてコンピュータ管理となっていた。駅の従業員を初め、車掌さんなどの鉄道員のほとんどは英語を理解し、また、流暢に喋っていた。隔世の感があった。

結局その日の午後はほとんどを駅で時間を費やし、観光どころではなかった。唯一、ツォー駅から地下鉄で数駅先にベルリン植物園があったので、そこへ行くことにした。植物園近くの目的の駅で地下鉄を降り、地上へ上がったまでは良かったが、さて西も東もわからない（見知らぬ土地に行くときに便利なものは、当地の地図と磁石であ

ベルリン植物園の正門（内側より撮影、1991年）

ベルリン植物園の管理・研究棟（1991年）

ることはいうまでもない）。通りに沿って歩き出した所が閑静な住宅地で、年配の御夫婦が前庭でくつろいで居られた。そこへ突然見知らぬ東洋人が英語で「植物園はどちらの方向ですか」と声を掛けたものだから、御夫婦とも「ギョッ」とした雰囲気になり、固まってしまわれた。やはり英語はダメなのかなと思ってドイツ語でと思ったが、そうおいそれと口から出てくるはずがない。何とか学生時代のドイツ語の授業を思い出して、そうそう「植物園」は「ボタニッシェルガルテン（ein botanischer Garten）」だったと思い、「ボタニッシェルガルテン」とその単語だけを発したら、これが通じて、旦那さんの方が「リヒト、リヒト（Recht）」と教えてくれた。私は「リヒト」はドイツ語で右の意味だと知っていたので、内心、ドイツ語でコミュニケーションが取れたことを嬉しく思い、「フィーレンダンク（Vielen Dank）」とにこやかに御礼を述べて、しばらくの間歩いて行くと、その旦那さんが再び大声で「リヒト、リヒト」と叫んでいる。振り向くと今度は手を右の方へ何度も振りながら「リヒト、リヒト」と叫んでいた。「リヒト」は右である。私は自分の側からみて右へ（すなわち、相対しているその御夫婦からは左へ）歩き出していたのである。御親切な身振りがなければ、「ボタニッシェルガルテン」と「リヒト」だけでは植物園に行けなかったのである。今となってはよい、貴重な経験である。ところでまったく同じコミュニケーションを、このことがあってから9年後にビュルツブルグの閑静な住宅地の路上で年配の御婦人にビュルツブルグ大学の植物園への道を尋ねた時に経験するのである。

さて、翌日ホテルを発つ時に、自分はこれから（旧東ベルリンの）リヒテンベルグ駅（Lichtenberg Hauptbahnhof）から列車に乗ってハレに行くのだが、ツォー駅からリヒテンベルグ駅へ行く最善の方法は何かをホテルのフロントで聞いたところ、ホテルの従業員は、通常であれば郊外電車のS Bahnで行けばよいと思うが、外国人だし、旧東ベルリンはそれ程安全ではないので（ほんとうに安全でなかったかどうかは今となってはわからないが）タクシーで行くのがよいだろうと教えてくれた。そこでツォー駅近くの宿泊先のホテルの前から、ホテルで呼んでもらったタクシーのトランクにスーツケースを入れてリヒテンベルグ駅までお願いしたところ、そんなところへは行ったことがないので（東西ドイツが統一されて間もない頃であったので当然と言えば当然であるが）、地図を見ながら走るからそれでも良いかとドイツ語で言っているらしく、同意を求めている様子であったので、「ヤア、ヤア（Ja）」と答えたら、走り出した。ブランデンブルグ門を西から東に越えた途端、街の風景が一変し、人の姿や自動車は西側と比べものにならないくらいまばらで、建物の外壁もくすんで、まるでゴーストタウンのようであったことを記憶している。ようやくリヒテンベルグ駅に到着し、自分でドアを開けて車の外へ出ると運転手がトランクを空けてくれた。しばらくそのまま私と運転手はその場に立ちつくすのだが、我が国ではまず運転手が荷物を降ろしてくれる、あるいはそれを手伝ってくれる習慣があるように思うが、それで私は突っ立っていたのであるが、運転手は荷物を降ろそうとしない。そういえば、乗り込む時も自分で荷物をトランクに入れたことを思いだし、急いで自分で荷物を降ろした。ようやく運転手は安心したように笑顔になったので、タクシー代金と某かのチップを支払った。まったく会話のない（できない）暗黙の了解のコミュニケーションであった。

定刻に遅れること数十分で、ようやく目的の列車がリヒテンベルグ駅に到着し、1等の車輌の所定の席に乗り込むことができた。当時は列車が遅れて到着するなどのアナウンスはまったくなかった。ほんとうにこの列車が自分が乗り込む列車なのか否か不安であった。ところで現在では、各列車の指定席の多くが電光掲示になっているが、当時は未だ指定区間が記載された紙片が各コンパートメントの所定の箇所に差し込まれる方式で、今となっては懐かしい風景である。当地の鉄道では、この指定席の記載がなければどの席も自由席で、やはり我が国とはシステムが異なっている。我が国では、自由席と指定席が完全に分離され、自由席が満席で、指定席に空席があっても乗客はそこに座ることはできないが（指定席料金を支払えばその限りではないが）、少なくともドイツでは現在でも指定席はその表示の有無できまり、表示がなければ自由に席を占めることができる。非常に合理的である。

私が乗り込んだコンパートメントには、先客として2～3歳くらいの子供を連れた若い夫婦が席を占めていた。清少納言が言っているように、「なにもなにも　ちひさきものはみなうつくし（何でも小さいものはみなかわいい）」で、ほんとうにかわいいお子さんであった。ドイツ語で単語を言ってくるので、持っていたドイツ語の辞書を見せてあげたら、興味津々であった。両親が、ドイツ語を話すのかとドイツ語で聞いてきた（そのように理解したので）、「ヤア、but a little」とか答えたが後者はわからなかったようで、「どこに何をしに行くのか」と聞かれたので、ハレの研究所に行くのだと答えた。日本では何をしているかと聞かれたので、大学教授だと答えると途端に態度が変わって、かしこまってしまった。当時の旧東ドイツには権威主義が残っていたようである。

さて、当地では駅の改札なるものはなくて、列車内で検札がある。女性の車掌さんがやって来て切符の検札をはじめ、私の切符をみて早口のドイツ語でまくし立ててきた。きょとんとしていると、切符を示しながら、私の腕をつかんで、「向こうへ行け」と言っているようであった。そこでようやく気がつくことになるのだが、19ドイツマルクで購入した切符は2等の切符であった（道理で安価であると思った）。私はそれに気がついて、たぶん片言のドイツ語で、「Ich wünsche andere Fahrkarte kaufen.」とか何とか言ったように思う。要は「不足分を支払う、あるいはもう1枚切符を買いたい」、そのようなことを言ったが、当然のことながらこのドイツ語は通じなかった。もうこうなれば得意の日本語作戦である。日本語で私が1等の指定席券を持っていること、不足分を支払うことを伝えたら（車掌さんには何の事やらさっぱり理解できないであろうが）、早口のドイツ語で何やらぶつぶつ言っていたが、身振りでそのように理解したのだが、「この席にすわっていてもよい」と言ったようであった。車掌さんは、「（日本人は）何と厚かましい人種であろうか、2等の乗車券で1等の指定席に座っているとは」とでも思ったかもしれない。コミュニケーション不足のなせる技である。先に書いたとおり、昨今のドイツではローカル線の車中でも乗務員には十分英語が通じるので御安心を。

2. ポーランド語とポーランド文化の難しさ

1994年の秋も深まった頃、私の手元に1通の航空郵便が届いた。発信国はポーランドで発信人はマリアン・サニエウスキー（Marian Saniewski）と言う人物であった。当時はインターネットも発達しておらず、見知らぬ外国人から来る手紙はたいてい論文の別刷り請求であったが、今般のものは少々違っていた。私は、ポーランドから航空郵便を受け取るのも初めてであれば、マリアン・サニエウスキーなる人物も知らなかった。封書を開いてみると、中にはタイプされたサイン入りの手紙とその方の1編の論文の別刷りが入っていた。論文は短いものでExperientia 39：1373-1374（1983）に発表されたものであった。内容は、私が研究対象としていたジャスモン酸関連のもので、ジャスモン酸メチルをラノリンペーストとしてトマトの果皮に投与すると、果皮が赤く成らず、黄色のまま保たれることから、ジャスモン酸メチルはトマト果実においてリコピンの生合成を阻害する効果があるというものであり、私達が発表した複数の関連論文が引用されていた。これだけの観察から、そこまで言い切るのは如何なものかと思ったが、とりあえず、論文別刷り送付の御礼と私のジャスモン酸関連の若干の論文別刷りを同封して返信した。そうすると、その方から直ぐに、折り返し再び比較的分厚い航空郵便が届き、中にはポーランドの学術雑誌に掲載された数編のその方のジャスモン酸関連の研究論文の別刷りとタイプされた手紙があった。手紙を読むと、私の返信に対する御礼とできれば植物のある生理現象に対するジャスモン酸類の影響について今後共同研究をしたいとの申し出で、翌年、アメリカ、ミネアポリスで第15回国際植物成長物質会議（15th International Conference on Plant Growth Substances, Hyatt Regency Minneapolis, Minneapolis, Minnesota, July 14-19, 1995）が開かれるので、その会場で相談できないかとの内容であった。私も同会議に出席し、研究発表を予定していたので、再び、その旨をしたため、返書を送った。

私は、第15回国際植物成長物質会議会場であるミネアポリスのHyatt Regency Minneapolisでその方を捜し回った。マリアン・サニエウスキー、この響きから、相手の方は女性研究者であろうとの勝手な思いこみで、女性を見つけては、その名札に注目したが、なかなか見つけることができなかった。仕方がないので、ポスターセッション時まで待つことにした。その日時になったので、その方が研究報告を発表しているポスター会場に出向き、その方のポスター番号の場所で驚いた。そこには、恰幅のよい穏やかな表情をしたポーランド紳士が立っていたのである。その方は、ファーストネームがマリアンにもかかわらず、男性であった。勝手な日本人的発想から、名前を聞いて（実は文字面で）、その方がポーランド女性であるとばかり思い込んでいた自分が情けなかった。意を決してその方にその辺りの事情をお話ししたところ、ポーランドでは、マリアンは男性の名前で、もし女性であれば、マリアになること、それから、もっと大きな違いは、ポーランドでは姓のサニエウスキーは絶対に男性であり、もし、女性、例えばサニエウスキー夫妻であれば、夫はサニエウスキー、夫人は何とサニエウスカ（Saniewska）になるということである。もし、私がその方から最初の航空郵便を受け取った時に、もう少しポーランドという国や文化、言語に注意を払い、サニエウスキーなので男性であることを認識できていたなら、このような恥ずかしい思いをせずにすんだのである。マリアン・サニエウスキーは、ポーランドのスキエルニエヴィーチェ（Skierniewice）にあるポーランド園芸科学研究所（旧ポーランド果樹学・花卉学研究所）の教授で、ポーランド科学アカデミーのメンバーでもある。現在も私達の海外の共同研究者のお一人である。大の日本通で、来日も数度に及んでいる。１９９7年には日本学術振興会の長期および短期の招聘研究者として1年間（御夫婦では約半年間）、大阪府立大学と九州大学でジャスモン酸に関する生理学的研究をされた。なお、誠に残念なことであるが、奥様のサニエウスカさんは病気のため数年前に他界されてしまった。

私は、サニエウスキー教授の推薦を受けて、２０００年からポーランド科学アカデミーの外国会員となっている。その後私の研究室では、サニエウスキー教授を初めとして、ポーランドのクラコフにある植物生理学研究所の女性研究員、ワルシャワの植物園園長が日本学術振興会等の援助を得て、研究生活を送られた。また、２０１２年にはポーランド人研究者との共同研究の発展に貢献したとのことで、ポーランド科学アカデミーからメダルを授与された。

ワルシャワ駅前にある文化科学宮殿26階のポーランド科学アカデミーにおけるポーランド科学アカデミー外国会員称号授与式、当時の同アカデミーPresidentのMossakowski教授と（2000年）

Skierniewiceのポーランド園芸科学研究所正面にて、ワルシャワ植物園園長のPuchalski教授（中）、Saniewski教授（右）と（2012年の訪問時）

ポーランド語は、その発音もさることながら、ほんとうに難しい言語の一つと思う。ポーランド語を勉強すると、英語が何と易しい（万人が理解しやすい）言語であるかが実感できる。例えば、大阪《オオサカ》はポーランド語では、ある場合には、オサカ、他の場合には、オサセ、またある場合にはオサキと変化する。このように都市や人の名前など固有名詞が変化する言語も珍しいのではと思う。我が国とは遠く離れたポーランドとのささやかな共同研究であるかもしれないが、今後も良好な関係を維持して、その研究の発展に貢献したいものである。

3. アメリカでのレンタカー騒動とＳＴＳ-95植物宇宙実験

微生物、植物、動物をはじめ私達ヒトに至るあらゆる生物は地球という惑星で生命活動を営んでいる。地球では重力が存在するので、地球上のあらゆる生物は重力を享受し、生物の示すさまざまな生命現象は重力の影響下にあることが推察される。この推察を証明する最も有効な手段は、重力の影響を受けない環境で生物を生存させ、その場合に観察される地球上との違いを明らかにすることであると考えられる。私たちは、植物の成長、発達に対する重力の影響を明らかにすべく、さまざまな地上基礎研究を重ねてきたが、地球上で重力を無くすることはきわめて困難で、最終的には重力の無い宇宙空間（実際には地球周回軌道上であるのでマイクログラビティー環境、すなわち10^{-6}程度の重力環境であるが）でさまざまな実験を行うことが必要と考えられた。そこで１９９０年の半ば頃から、将来の植物宇宙実験を目指して、当時の宇宙開発事業団（ＮＡＳＤＡ、現宇宙航空研究開発機構-ＪＡＸＡ）の宇宙実験提案募集に応募し、最終的に１９９８年にアメリカ航空宇宙局（ＮＡＳＡ）のスペースシャトル「ディスカバリー」を用いた植物宇宙実験（ＳＴＳ-95）を実施する機会を得ることができた。

当然のことながら、宇宙実験を実施するには、スペースシャトルが打ち上げられ、着陸するフロリダのケネディー宇宙センター（ＫＳＣＶＣ）、その管制業務を担当するテキサスのジョンソン宇宙センター（ＪＳＣ）に出向くことになる。実際の宇宙実験は１９９８年10月29日～11月７日に実施されたが、それに先だって、同年７月１日～７月12日にクルートレーニングを兼ねてＪＳＣおよびＫＳＣＶＣに出向くこととなった。当地ではいずれも移動その他のために自動車が必須であった。当然レンタカーを手配することになる。そこで、テキサス、ヒューストンにあるジョージ・ブッシュ・インターコンチネンタル空港（ヒューストン空港）に到着して、レンタカー会社のカウンターに赴いたところ、いずれのレンタカー会社のカウンターにも担当者の姿はなく、1台の専用電話が備えられているのみであった。仕方がないので、その内の1社の専用電話から指示されている番号に電話を掛けて、私のつたない英語で、応対に出た男性担当者にレンタカーを借用したい旨を伝えたが、どういう訳か、聞き取れたのは「バスに乗れ」であった。レンタカーを貸してほしいと言っているのに「バスに乗れ」とは何事かと思いつつ、他のレンタカー会社に電話をしても答えは同じく「バスに乗れ」であった。私は、カウンターに担当者の姿が無く、電話では「バスに乗れ」と言うことから、これは「本日は営業していないのでは」と思い、念のため、同行していた同じ職場のM先生にそのことを伝えた。M先生は私より英語に堪能であったので、早速同じように電話を掛けてくれ、直ぐに私のところに戻ってきて「わかりました」と言った。何がどのようにわかったのかがわからないまま、M先生に従って空港外に出て、事情がようやく明白になった。つまり、空港からそのレンタカー会社の営業所まで「専用のバスに乗って来い」と言うことであった。日本と違って車の数の上でも広大な敷地を要するレンタカー会社は、当然、空港近くにその場所を確保できず、空港から少し離れた場所で営業しているのである。まったくもって英語、特に聞き取りの難しさを実感させられた。ようやくレンタカー会社に到着し、レンタカーを借用することになった。レンタカー会社では客が長蛇の列を作っていた。ようやく順番がまわってきて、私達の番になった。私達は2人だったのでそれ程大きな車は必要ないとのことで、担当者が進めてくれたのは「ホンダ」の車であった。それでよいかどうかを尋ねられたので、日本車の「ホンダ」がその値段で借りられるのであれば何よりと思ったので、二つ返事でOKを出した。回されてきたその車のエンブレムを見て、私達は、アメリカのホンダはHが斜めになっているのだと思った。いざ乗車してわかったことは、じつはその車は「ヒュンダイ」つまり韓国車であったことである（断っておくが、韓国車がよくないと言っているのではない）。私達は、レンタカー担当者の発音「ヒュンダイ」を「ヒュンダ」と聞き、それを勝手に「ホンダ」と言ったと思い込んだにすぎないのである。御陰様でその韓国車も快適で、何の問題もなかった。後日わかったことだが、アメリカでも「ホンダ」の車のエンブレムは日本と同じであり、「ヒュンダイ」は、別の形状である。

レンタカーの話題はさらに続く。ＪＳＣでの業務を終えて次はＫＳＣＶＣへの移動である。テキサス、ヒューストンから、フロリダ、オーランド（Orlando）に飛行機で行き、オーランド国際空港から東海岸側のケープカナベラルまでレンタカーでの移動である。そこで例によって、ヒューストンを発つ前にレンタカー会社に電話をかけ、レンタカーを借用したい旨申し出たところ、電話に出た担当者から、「お前はどこで車を借りたいのか」と尋ねるので「オーランド国際空港だ」と答えると、「カリフォルニアか」と聞くので「カリフォルニアではなく、フロリダだ」と答えると「フロリダにそのような空港はない」と言う始末で、何度、話をしても答えは同じで、押し問答になってしまった。電話の向こうではため息をついている様子が手に取るようにわかり、最後には、「それではオーランド空港についてから電話をする」と言うと「そうしてくれ」と返事があった。レンタカーを手配できずにオーランドに行くことは不安であったが、仕方がない。何かおかしいと思ったので、オーランド国際空港に到着し、黒人の女性地上職員に「此処はどこか」と尋ねると、その職員は不審な様子で「ここはオランド（アクセントはオランドのラにある。英和辞典のOrlandoの項にある発音記号を参照）だ」と言ってくれた。私は「アッと」思った。それで、なぜ、ヒューストンでレンタカーの予約ができなかったかが理解できた。ヒューストンでの電話の相手は、私の「オーランド（アクセントは読んで字の如くオーランドのオに置いて発音した上に御丁寧に長く引き延ばした）」をカリフォルニアの「オークランド」と聞いたのであろう。日本語の地図でフロリダの項を見ると、あるいは広辞苑でも当地は必ず「オーランド」と記載されている。それをそのまま鵜呑みにしてアメリカで「オーランド」と言うと、「オランド」とは絶対に聞き取ってくれず、何とか必死に聞いてくれた結果が「オークランド」であったのであろう。外国の文化、言語の違いを十分理解せず、海外に出向くととんでもコミュニケーションとなることがよく分かった。ちなみに、オランド国際空港でもレンタカーを借用しようとしたら、「バスに乗れ」と言われた。今回は何の心配もなく、「ハイ、ハイ」と二つ返事で専用バスに乗り、当該レンタカー会社に行ったのは言うまでもない。

ＫＳＣＶＣでは宇宙実験の実施に向けて研究課題（研究チーム）ごとに施設内で専用の実験室が割り当てられた。私達の宇宙実験では放射線を発する放射性同位元素を含んだ植物ホルモンの一種であるオーキシン（インドール酢酸）を用いることが必須条件であった。我が国の法律では、放射性同位元素を使用する場合には、専用の設備を供えた施設（実験室）でのみその使用が認められている。一方アメリカでは、線量の大小、強弱にもよるのであろうが、私達が用いる線量では、そのような施設（実験室）内での使用に限られることはなく、通常の施設（実験室）でその使用が可とされた。これを保存するための冷凍庫や冷蔵庫も他の試薬等と共通のもので可能であった。使用に当たっての注意としては、実験室内のできるだけ限られたスペースで使用することと、白いつなぎ様の使い捨て実験着の着用が義務付けられただけであった。したがって、宇宙実験を実施するためのスペースシャトル内でもその規制はなく、目的の実験が行えたので我々は大いに助かった。このような放射性同位元素使用にあたっての寛大さの一方で、我が国ではそこまでと思われる場面も無くはなかった。例えば、宇宙実験の準備に当たっていたある日、どこかの実験室で有機溶媒の漏出があり、気化した溶媒が天井のダクトを通って他の実験室に拡散するという出来事があった。漏出した有機溶媒は、ほんの数十～数百ミリリットルと比較的微量であったと思われるが、その時は、施設内で管内放送があり、直ぐに全員待避することが命じられたようであった。我々はその放送を十分理解せず、そのまま実験室内で実験準備を行っていたところ、施設の責任者である女性が実験室に飛び込んできて、直ぐに待避せよと命じた。このことに関する一連の措置にはほんとうに驚かされた。僅かの量の有機溶媒が気化しただけなのに、との思いがいつまでも頭に残った。当地では、有機溶媒のガスの方が、放射性同位元素よりも危険であると思われているようで不思議であった。確かに、有機溶媒のガスは躰に良くないし、放射性同位元素は、漏出しなければ問題がないと言えばそれまでなのであろうが、文化の違いと言うか、感覚の違いと言うか、その理由はわからないが、まさに「郷に入っては郷に従い」である。

以上が私の些少でつたない海外での異文化コミュニケーションの御紹介である。私の海外出張は珍道中の積み重ねであり、ユニークな話は枚挙に暇ない。その他の話題についてはまたの機会に譲りたいと思う。

テキサス、ヒューストンのジョンソン宇宙センター（JSC）におけるSTS-95クルートレーニング（左から3番目が筆者、中央で指示している女性が向井千秋宇宙飛行士、右端の年配の男性がジョン・グレン宇宙飛行士、1998年）

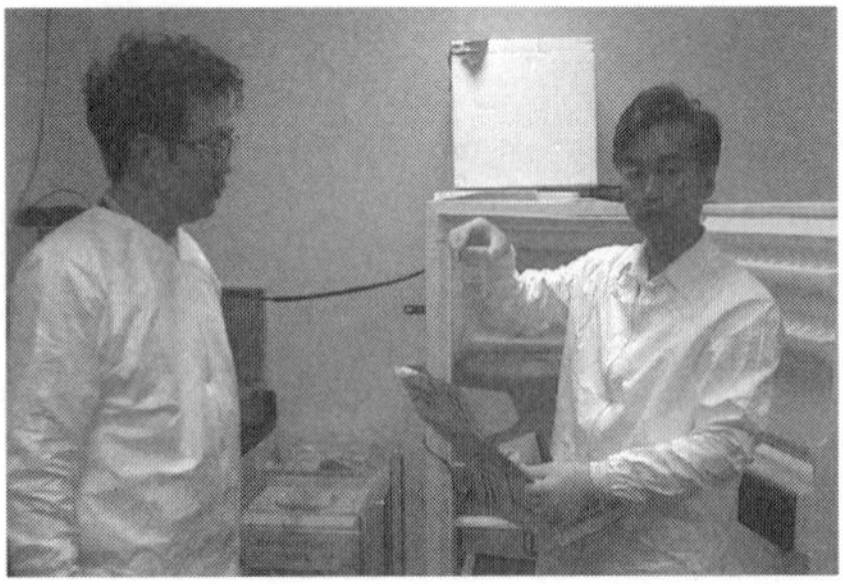
フロリダ、ケネディー宇宙センター（KSCVC、ハンガーL内実験室）にて、放射性同位元素でラベルされたインドール酢酸が入った容器を持つ筆者（右側、1998年）

フロリダ、ケネディー宇宙センター（KSCVC、ハンガーL内の実験施設）にて、宇宙実験用の実験装置をスペースシャトルに積み込むため、実験施設のケリーさん、スーザンさんと協議中（前列右端が筆者、1998年）

アメリカ・イギリスでの異文化コミュニケーション

岡村　重信（鹿児島国際大学国際文化学部音楽学科教授）

私はピアニストを目指してアメリカ（イリノイとカリフォルニア）に4年間留学しました。その後日本の大学でピアノ教師をしながら、研究員としてロンドンに1年間滞在しました。

1. エントランス

海外へのエントランス

成田空港で出国手続をすると、旅行者はそれぞれの飛行機のゲートに向かいます。目的地に着くまでは航空会社の国柄が反映されます。ヨーロッパへ南回りで行く時、イスラム系のフライトでは、決まった時間に絨毯や布を敷いて通路がお祈りをする人でいっぱいになることがあります。ある時トランジットの度に出発が遅れました。乗降口の扉が閉まらなくなって修理をしていた時はぞっとしました。周りの人によると、中古の飛行機を使っているとのこと。乗客が祈っているのは飛行機が落ちないよう願っているのかと疑いたくなりました。

やっと目的地に到着して入国審査に向かうと「ＡＬＩＥＮ」という標識に並ぶこともあります。ＳＦの影響で

「宇宙人」扱いと思ってしまうのは日本人だけなんでしょうか。ニュー・ヨークのテロ以来入国審査で写真と指紋をとられることが多くて、「宇宙人」ではないが「犯人」扱いには間違いありません。

アメリカへのエントランス

1980年州立イリノイ大学アーバナ・シャンペイン校の大学院に留学しました。アーバナ・シャンペインというのが都市名であることに気づかず、シカゴにあると思い込んで受験を決めてしまいました。旅行社で航空券を買う時にまちがいを指摘され、シカゴから離れた小さな町で、大学しかないと知ってがっかりしました。実はシカゴで音楽会三昧の日々を楽しみにしていました。

シカゴ行きの飛行機でスチュワーデスにアーバナ・シャンペインへの乗り換え方を尋ねると、親切に同乗者の中で同じ大学に留学する日本人を紹介してもらいました。不安になって同じことを聞いていたようです。その方とは2カ月間同じ寮で暮らして親友になり今でも連絡をとり合っています。

シカゴ空港から8人乗りのプロペラ機に乗って1時間程でアーバナ・シャンペイン空港に着きました。とうもろこし畑に囲まれた滑走路に下りた時は、間違ったところに来たのではないか、こんなところで音楽ができるのか不安でいっぱいでした。翌日大学の英語学校の事務室に手続きに行ってから、アシスタントに寮まで車で送ってもらいました。キャンパス内の移動のためにバスが数路線走っているような広大さに感動しました。一方ではあまりの暑さに閉口するばかりでした。イリノイ州はアメリカ北部ミシガン湖の周辺にありますが、内陸部のため6月なのに気温が毎日40℃以上で湿度も高く蚊が多く、それでいながら雨がまったく降らずに、人が住めるところとは信じられませんでした。

着いてすぐの日曜日に日本人3人とタイ人1人でレンタカーを借りて、リンカーン大統領の生誕地スプリングフィールド見物に出掛けました。その夜寮に帰ると「トロネードが来る」という貼り紙をたくさん見ました。しかし疲れていたためそのまま熟睡してしまい、翌朝いつにない暑さで目が覚めました。停電かと思って窓から外を見ると周囲の大木が車の上に倒れたり、あらゆる物が散らかっているではないですか。15階の部屋から降りようとエレベータに行くと停電で動かず、非常階段で下りて行くと全員地下に集まっていました。夜中3時頃からトロネードが来て非常ベルが鳴って全員非難したそうです。ところが私を含めた日本人3人がいなくて電話をかけても応答がなく外泊したと思っていたとのこと。慣れない左ハンドルで疲れて気づけませんでした。その後寮長から、トロネードは地上にあるものをすべて壊して飛ばすと教えていただき、トロネード恐怖症になってしまいました。今では台風が日本へ向かうとだれよりも早く雨戸を閉めるようになっています。寮長にはお詫びにロビーコンサートを申し出て、知り合いも増えていろいろな話題の会話ができるようになり英語で冗談を言ったり理解するようになりました。どうしようもない日本人という噂が広がり、かえって皆気軽に話し掛けてくれるようになって、漸くアメリカに馴染むことができました。

ロンドンへのエントランス

初めての国に行くと言葉が通じるかいつも緊張します。1996年にロンドンに行った時は、アメリカに長期間いたので英語は通じると安心していました。着いてすぐロンドン大学キングス・カレッジへ挨拶に行き、手続きをしようと秘書と話しましたが、言っていることをまったく理解できません。ゆっくり言っていただくようお願いしましたがどうしてもわかりません。イギリス英語はアメリカ英語と違うとはたと思い当たりました。仕方ないのでこちらの伝えたい事を取りあえず言ってその日は諦めました。ホテルへ戻ってテレビで発音に少し慣れて翌日挑戦しましたが、どうしてもわかりません。結局筆談を交えて漸く解決しました。実はその秘書はウェールズ出身で現地の人でもわからないケースは多々あるそうです。

海外では公衆トイレを捜すのに苦労します。旅行ガイドブックにトイレがどこにあるか、ページがあるくらいです。あっても有料のところが多いです。トイレを自由に開放して自由に使用させると中でどんな事件が起きてもおかしくないと思われています。写真はテムズ川沿いロンドン・アイの傍にある公衆トイレです。外見はモダン・アートですが、入るには窓口へ行って係の人に使用料を払ってから、ゲートを開けてもらいます。別に会話もありませんが、係の人は毎日仕事とはいえ、何を考えているのか不思議です。さて中に入って落ち着いて用が足せるかと思いきや、となりとの仕切りが座った時の目線より低い位置までしかなく、隣の人と用を足しながら会話していることもあります。イギリスは防犯カメラがあらゆるところにあり、公衆トイレの中にもあるかもしれません。ホテルの部屋もどこかに必ずあるらしく、何かあった時は記録をチェックするそうです。街中は防犯カメラがカバーしていない場所はないといって良いくらいです。年に1回くらいあるテロ事件を除いたら治安の良いロンドンですが、監視社会との付き合いが始まりました。

テムズ川沿いにある公衆トイレ

2. エピソード

衣

アメリカやイギリスへ行ってびっくりする事の一つは、真冬なのに半袖のTシャツ1枚でいることです。もちろん零下の外出にはダウンのジャンパーを着て出掛けますが、当初私なりに建物がしっかりしていて暖房が良く効いていたり、肉食でたくさん食べる人が多くて脂肪が厚くて寒さを感じないと思っていました。しかし痩せている人もTシャツ姿です。よく調べてみると人種による遺伝で、日本人より平熱が1度程高い人種が結構多いことがわかりました。

そういえば日本人ピアニストは本番前に手が冷えないように使い捨てカイロを使うことが多いです。外人が使っていることは見かけません。海外のコンサートホールでのリハーサルは温度が低くて寒いのですが、Tシャツ、短パン姿で来る演奏家も珍しくありません。

アメリカの大学生は服にはお金を掛けませんから1年を通してTシャツ姿でいます。同様に大人もいつもTシャツのような軽装でいるのは貧乏で買えないと思っていました。しかし今ではかれらが快適なファッションであり、実は毛皮や重厚な服を着たセレブは見た目ばかりで、我慢しているんだと思えるようになりました。

ニュー・ヨークの五番街にはブランド・ショップが立ち並んでいます。ほとんどの店は日曜日の午前は閉めていますが、そんな中でルイ・ヴィトンの店の前を通りかかると、シャッターの閉まった店の五番街に面した歩道で露店の店員が大声で商売をしています。なんとルイ・ヴィトンのバックが山積みされています。どう見ても本物とは思えませんが本物の半額くらいで堂々と売られています。ヴィトンの正装した店員とはちがってTシャツとジーンズ姿の売子が熱心に勧誘してきます。観光客のなかにはおみやげにするのか買っている人もいます。ブランド・ショップの前で偽物を売る発想はアメリカならではのもので、ニュー・ヨークの人たちのパワーを感じます。果たして銀座通りのブランド・ショップの前で偽物ショップがある風景を想像できるでしょうか。ニュー・ヨークのルイ・ヴィトンの寛大さにびっくりしますが、アメリカ人のチャンスを作る創造力に感服します。アメリカには広大な国土、天然資源、食料、自由な報道、宗教、教育、交通網、世界のあらゆる人が憧れる自由な権利があります。しかしアメリカの最大の財産は人々のチャンスを得ようとする努力と、チャンスを与える心でしょう。

食

アメリカのスーパーマーケットへ行くとショッピングカートの大きさにびっくりします。肉も魚も1切れの大きさが日本の倍以上ありパックも小さなものはありません。チーズやハムをスライスしてもらうと厚く大きくてパンからはみ出してしまいます。それに慣れてしまってから日本に帰った時、食料品の値段が高く量が少なくて、胃が納得しないばかりか気持ちが落ち着かずに困りました。

学校の給食もアメリカではニンジンが丸ごと1本そのままでたり、リンゴもまるかじりします。ポテトチップが出ることもあって、きちんと料理されたものは少ないです。それは一般家庭でも同じで夕食はスーパーマーケットでまとめ買いした冷凍のディナー皿を電子レンジで温めて食べることが多いようです。

レストランへ行くと1人前とは思えない皿に巨大な肉や魚の塊が登場します。外食する時はワイワイしゃべってにぎやかに笑いながら会話を楽しんでゆっくりと食事を取ります。子供たちには塗り絵とクレヨンをくれるところもあり、レストランはエンターテイメントの1つと認識されているような気がします。一方家では擦れ違いが多く別々の時間に食べることが一般的です。

アメリカの料理は甘い、辛いなど味がはっきりしています。ところが日本の料理は和食に限らずすべて見た目も色彩豊かで、味もただ甘い、辛いというのではなく1つの食材でいろいろな味を楽しめる絶妙なバランス感があります。

これは音楽にも共通点があります。日本ではレッスンで同じ曲を何カ月も続けて、あらゆる角度から教えます。一面では大変繊細な表現といえますが、他方大きな特徴がなくどの曲も似かよった仕上がりになってしまいます。一方アメリカではレッスンでは同じ曲は多くて2回しか教えることがありません。それぞれの曲をいろいろな面から検討することはなくもっとも重要な内容を表現できるように教えます。結果として1曲1曲がそれぞれちがった仕上がりになります。

アメリカ人が音楽を演奏する時や聴く時に何を思っているかは興味深いものです。「君のアイディアを僕の名刺の裏に書ききれなかったら君には明確なアイディアがないってことだね」という言葉があります。アメリカでは自分の意見をシンプルに明確に伝えられるように教育しているのです。

住

日本のホテルで良い部屋といえば広さや質はもちろん、窓からの景色が良い事が重要です。それは一般住宅でもマンションでも同様で、見晴らしの良いところは高級であるというイメージがあります。

最近ロンドンへ行った時、ホテルの部屋をグレードアップしてくれたのですが、ビルの内側に向いた囲まれた空間に面した窓しかありませんでした。反対に通りに面した良い景色の部屋は普通のグレードでした。内側に面した部屋には静けさと落ち着きがあり、そこに価値を見いだしているようです。友人の家がハロッズ・デパートの近くにありますが、上階に大使館がありその半地下に住んでいます。そこの窓からはいつも柔らかな光が射し込んで、心に安らぎを与えてくれます。

ロンドンのホテルの部屋より

　音楽家の住んだ家も、モーツァルトやベートーヴェンのウィーンの小路にあるもの、中庭があるシューベルトの家、ワーグナーやラヴェルの大邸宅までいろいろあります。窓に向かってピアノを弾いた人もいれば、窓に背を向けていた作曲家もいます。町には曲全体がわかるような景色が必要であり、それぞれの家には曲の主題のような個性があり、部屋にはメロディーのニュアンスのような表情があってほしいと思っています。

交通

イギリスは鉄道網が広がっていて、地元の人も旅行者も便利に利用できます。駅に行ったらチケットを買って、次に電光掲示板を見上げることになります。そこにはどの電車が目的駅まで最短時間で到達できるか、タイムテーブルどおりなのかどのくらい遅れて来るのかが表示されています。何番ホームに入るかは10分くらい前に掲示板に現れるので、いつもその下は人だかりができています。毎日定刻に同じホームに来ることに慣れている日本とはちがって、遅れるのが日常茶飯時でその時に空いているホームに電車が来るのが当然と思っているイギリス人にはこの電光掲示板は合理的なシステムなのです。

普通の各駅停車の列車に乗っても「○○駅から△△駅まで指定」というシールが貼ってある区間指定座席があります。ネット予約すると各駅停車の列車でも指定座席を格安で手に入れることができるのです。ただし、空いていれば指定された座席に必ずしも座るわけでもなく臨機応変です。列車がホームに止まったらドアが自動的に開くと思うのは甘いのです。ドアの近くにあるボタンを押さないといつになってもドアは開かず、置き去りになります。もちろん降りる時は止まってもドアは自動的には開かず、「ＯＰＥＮ」というボタンを押さない限り終点まで連れていかれてしまいます。

同様のことが音楽の世界でもあります。日本人は本番前のステージリハーサルで本番さながらの演奏をして、本番コンサートでもそのまま同じように演奏できるよう努力する習性があります。まさに予定通りにすべてことが運ぶのを好む傾向が強いのです。またレッスンで先生に教えられたことはいつになっても守り続けるべきだと思っていて、教えられた通りに演奏できないことを悪いと思っています。他方、イギリス人はリハーサルと本番がまったく違う演奏になることも頻繁です。リハーサルはウォーミング・アップであったり下書きのように考えている面があります。加えるに本番では必ず新しい表現の挑戦をすべきであると思っていて、すべて予定通りということはありえません。レッスンでも先生に教えられたことは重要であっても、そのままではなくそれをもとに自分の音楽を作ることが大切であると思っています。会話も先生が「この曲の特徴は何ですか」と尋ねると、生徒は「最初の音がドで始まります」なんてひとまず堂々と答えます。レヴェルの低い会話かと思っていると、先生と生徒の会話は次々に発展してその曲の核心を衝くところまで到達します。

休暇

旅行していると、自分を入れた写真を撮ることを頼むことがあります。たとえばグランド・キャニオンでアメリカ人にお願いすると、自分の顔がアップで写っていて肝心な景色がないことが多々あります。日本人は景色と人がちょうど良いバランスになるよう写真の構成を考えて撮ります。仕方ないので、いろいろ説明してお願いするようになりました。

東京ディズニーランドとアメリカのディズニーランドの両方に行った方は御存知と思いますが、アメリカにはアトラクションに長蛇の列がありません。面積が広いとか人が少ないわけではありません。なぜかベンチに座ってお茶を飲みながらのんびり家族団欒しています。心のゆとりを感じますが、日本人からみるとディズニーランドへ何をしに来ているのか理解できないところがあります。日本人はアトラクションを回る計画を立て、次々に何かをしてしまいます。ファスト・パスもアメリカではそれを取りに行く時間の方がもったいないような気がするくらいです。

ホンコンのホテルで子どもたちのためにプールで泳いでいる時、イギリスからの旅行者と知り合いました。休暇でホンコンに来たそうですが、毎日ホテルのプールで日光浴をしているとのことでした。大変満足していらっしゃいましたがどうしてホンコンの街をもっと楽しまないのか不思議でした。

日本人の音楽家は練習するときになにか直すところがないか常に神経を使っています。その結果として音のミスまで隅々まで目の届いた演奏になります。一方外国人の音楽家たちはゆったりとした気持ちで作曲家の音楽を受け入れようとしていると思います。ミスに対してそれほど気を使っていないのではないでしょうか。休止符も日本人には単に休息の意味しかありませんが、外国人は普段の生活の中の1つの大切な活動として休止符が息衝いています。

音楽

コンサートのチケットは内外を問わずインターネットで予約するのが常識になっていますが、当日コンサート会場に1時間くらい前に行けば、都合がつかずに不要になった券を安く売りに来た人から必ず買えます。運が良かった時は最高の席を無料でいただいたこともあります。しかし時差ボケでせっかくの好意も子守唄になってしまいますが、そんなことは気にせず一流の音楽会を日本の4分の1くらいの価格で聴けるチャンスは逃さないようにしています。

コンサートのプログラムの組み方も都市ごとに特徴があって、ロンドンでは同時期にいくつかのオーケストラがまったく同じ曲目でコンサートを開くことがしばしばあります。これはどれが良いのか競べる意味合いもあって、同じ聴衆と出会すことになります。結果としてあるコンサートではブラボーの嵐になり、他方ではブーイングですぐ拍手が止まってしまうこともあります。ロンドンの聴衆は批評家のような聴き方をしている面がありますが、演奏家の名前ではなく、音楽の質に対して正直に評価してくれる、新人音楽家にとっては大きなチャンスを与えてくれる町です。一方では演奏家にとって大変プレッシャーを感じさせる面があり、ホールの空気に針があるように感じます。

アメリカの多くの聴衆は音楽会を気楽に楽しむために来ています。そのため演奏家はステージに出た瞬間に温かな雰囲気に包まれます。ステージマネージャーも気さくな人が多くて「このホールではどのように演奏したらうまくいく」とアドバイスをしたり、本番前に世間話をしてリラックスさせてくれる人もいます。アメリカの大学にはすばらしいコンサートホールが必ずあって、一流の音楽家のコンサートが一般の人でも信じられないような安さで聞くことができます。例えば私が学んだロス・アンジェルスの南カリフォルニア大学ではプラシード・ドミンゴがオペラ監督をしていました。大学がスポーツ、音楽、美術などの中心的な場所を提供することで、一般の人たちが集まって来ます。このことは学校が先生と生徒だけの城になってしまいがちな環境に風穴をあけ、教育の質を学問の場からではなく、一般社会から判断する機会を与えてくれます。

コンサートは音楽を聴きに行くところですが、アメリカでは友人と会ってロビーでお酒を飲むついでに来ている人もたくさんいます。会話も音楽家を誉めて、たいてい世間話に花を咲かせます。一方ロンドンにはウィグモア・ホールでの名高い日曜コンサートがあります。そこには通な聴衆が毎週通って、コンサート後は地下にあるサロンでチケット代に含まれているお酒を飲みながら演奏を真剣に批評しています。見ず知らずの私に「どうしてこのコンサートに来たか」「演奏をどう思うか」と尋ねることも日常です。音楽会はまじめに聴きに行くこともありますが、他の人たちと会話を楽しんだり、聴衆ワッチングの場であり、「……のついでにコンサートへ行く」であり「コンサートのついでに……」という気持ちが欲しいものです。

3. フィードバック

コンクール

国際音楽コンクールでの日本人への評価は「皆似ていて個性がない」というものです。実際に私が審査をしていて、演奏者を見なくても演奏の内容で日本人であるかを聴き分けることができます。日本人の音楽は特徴が少なくおとなしい演奏です。一方、外国人の演奏は自己主張が強く、作曲家より自分が前面に出ています。この印象は大人の部門に関してで、子供の部門を聴くともっと違いがはっきりしています。日本人の子供たちはきれいでこじんまりとしていてミスがほとんどありません。外国人の子供たちは大胆な表現力がありますが、たっぷり音ミスをします。この外国人は多くのピアニストを輩出している高名な先生の弟子たちで、最初はびっくりしました。おそらく指導者は音のミスには神経質になったり時間を掛けていないと思われます。しかし毎年、同じ子供たちを聴いて成長の過程をみると、年齢とともにしっかりとしたテクニックを身に付けてミスもなくなり、日本人にはできない表現力豊かな個性を感じる演奏をするようになります。日本人と外国人の表現力の違いは、子供の初期に何をしたかによって決まってしまうと思います。

グローバルマインド

日常の会話でも日本人は相手との共通点を捜したり妥協点を見つけることに喜びを感じます。外国人は相手が自分と意見が違う時は、それに合わせようとするのではなく自分の考えを相手に理解させることに努力します。そして議論が平行線をたどっても妥協点を捜すのではなく、あくまでも自分を理解してもらえるように努力し続けます。

グローバル化の観点に立つと日本人はもっと海外へ行って積極的に会話すべきでしょう。スペイン系の人たちは英語とスペイン語が似た単語が多いこともあって、まぜこぜの会話を流暢に楽しんでいます。日本人も文法のまちがいなど気にせずに、単語を並べて質問したり発言すべきでしょう。日本には「沈黙は金、雄弁は銀」ということばがありますが、今の世界では時代遅れで、黙ってわからないままでいるより、何かを言った方が人との関係ができます。

私は長期間海外に滞在した後も、ロンドンとニュー・ヨークに頻繁に行っています。現在はアレクサンダー・テクニックを学ぶためによくロンドンを訪れています。アレクサンダー・テクニックはヨガと共通点があります。海外から音楽家たちが日本にヨガや座禅を学びにやって来ます。私はわざわざロンドンへ行って異文化を通して何かを取り入れようとしています。日常を離れた世界に行くことで、心と体がリセットされて新しいものを吸収しやすくなり、自分の思いがけない一面を引き出すことができます。

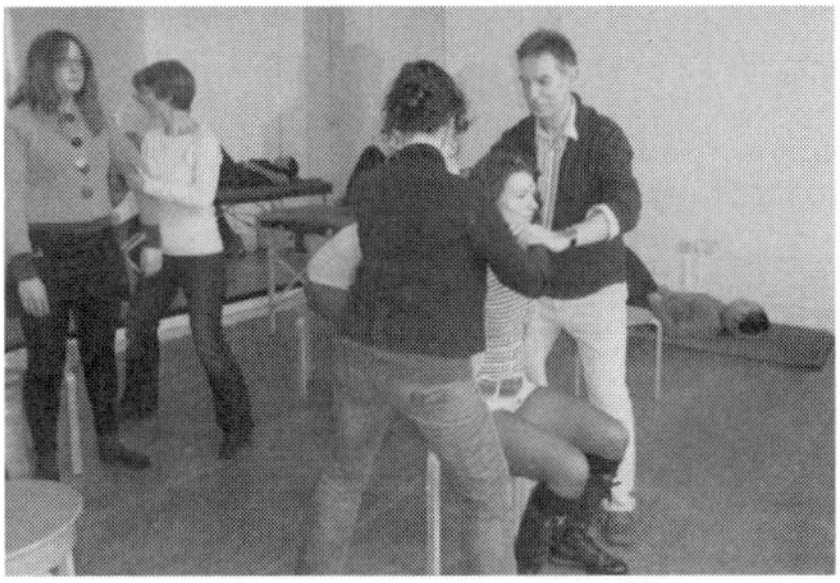

アレクサンダーの授業風景

最近10年間くらい、海外で日本人に会う機会が少なくなりました。かつては海外の果ての小さな町に行っても日本人旅行者と必ず擦れ違って情報交換したものです。留学生も私が行った頃は日本人が多く、かたまって行動して日本人村ができてしまうことが問題でした。しかし今は中国人と韓国人が圧倒的に多くて、ロンドンの日系デパートに行くと店員も客も中国人と韓国人ばかりで違和感を覚えます。日本の若者には積極的に海外へ留学して、多くの国々の人々とコミュニケーションを取ってほしいと思います。目的はなくてもかまいません。行ったら必ず何かを見つけて成長できます。日本にいても海外の知識はいくらでも得られますが、実際に自分が海外へ行って体験することで身に付くものも多くあります。そんな願いを思って私の経験と考えを書き綴りました。

小さくとも豊かな国、スイスでの異文化コミュニケーション

山田　小須弥（筑波大学生命環境系准教授）

1. 訪れた都市の概要

スイス連邦（以下、スイスと略す）はヨーロッパの中心部に位置し、フランス、イタリア、オーストリア、ドイツ、リヒテンシュタインの5か国と接しています。面積は九州程度の国土ながら、山岳地帯から平野部にかけての標高差により、地理的にも気候的にも多様性のある美しい風景が広がっており、スイスアルプスの峰々や雄大に広がる氷河、のどかな牧草地などはいずれもスイスの代名詞ともいえる風景です。スイスでは建国時の歴史的背景によりドイツ語、フランス語、イタリア語、ロマンシュ語という4つの言語を国語とし、多彩な文化を誇っています。また、26のカントン（いわゆる州）と呼ばれる行政区画に分かれていて、筆者が滞在したローザンヌはフランス語圏のスイス南西部のレマン湖（ジュネーブ湖）周辺からジュラ山脈の南端の一帯を占めるヴォー州にある人口約13万人のスイス第4の都市であり、昔から芸術家、王侯貴族などが集まる場所で、現在も古城や高級ホテル、著名人の別荘が多いことでも知られています。世界遺産にも指定されている美しいブドウ畑、フレンチアルプスを湖面に映したレマン湖、アルプスの山並、スキーリゾート、素朴なアルプスの村々や洗練された都市、ローマ遺跡や中世

の建物が残る街など、あらゆるスイスの魅力を網羅した地域となっています。また、国際オリンピック委員会（IOC）の本部や連邦最高裁判所などの主要機関が置かれている街でもあります。一方では世界的な教育機関が集中する学研都市という側面も持っています。例を挙げると、ローザンヌ大学（UNIL）、そして隣接するスイス連邦工科大学ローザンヌ校（EPFL）、ローザンヌホテル経営科大学（EHL）、国際経営大学院（IMD、国際MBAのビジネススクール）が有名です。さらにもう一つ、ローザンヌ国際バレエコンクールは新人バレエダンサーの登竜門となっており、過去には数多くの日本人も入賞を果たし、その後世界的に活躍されている方達も多くいらっしゃいます。

ベルナーオーバーラントと氷河を臨む（世界自然遺産）

2. 都市を訪れた目的

ローザンヌには２００８年秋から半年間の滞在でしたが、それ以前にも当年夏および前年夏に短期間訪問する機会を得ました。滞在先はローザンヌの中心部からローザンヌ地下鉄（メトロ）で10分程度の、レマン湖畔に程近い場所に位置するローザンヌ大学でした。この大学の立地は恐らく世界でも屈指のロケーションと思われます。大部分の建物からは古くからのリゾート地として名高いレマン湖を臨むことができ、対岸にはミネラル水で日本人にも馴染みのあるエビアン（Evian）の街、そしてその背後にはフレンチアルプスの峰々を臨むことができます。さらに天気が良い日には遠くモンブランの頂を臨むこともできます。そんなキャンパスの中で筆者の滞在先のラボは基礎微生物学分野（DMF、Département de Microbiologie Fondamentale）に属しておりました。この組織は文字通り微生物をメインとする研究組織であり、植物生理学が専門の筆者には畑違いでありましたが、以前から興味を持っていた植物と根圏微生物との化学的相互作用を研究していることが訪問先に選んだ大きな決め手の一つでありました。筆者は自身の勤務先から長期出張という形で派遣されておりましたが、ローザンヌ大学での身分は招聘教授（Professeur Invité）という少し仰々しいものでありました。滞在先のラボ（研究グループ）のボス（Dieter Haas教授）は古くからの日本人研究者仲間もおり、かなりの親日家でもありました（もちろん愛車はTOYOTA）。ある時、筆者が植物ホルモンに関する研究も行っていることを知ると、同じ建物の別のフロアにいらっしゃる植物ホルモン・ジャスモン酸の研究で有名な教授を紹介して下さり、さらにランチをご一緒させていただく機会も設けていただきました。帰国してから偶然にもその先生の研究グループが報告した論文に関して問い合わせをした際、この出会いは非常に役に立ちました。筆者の場合、先方との契約事項に大学院講義を5回行うことも含まれていたため、研究だけに没頭するわけにはいきませんでしたが、少なくとも職場での雑用からは解放され、久しぶりに充実した実験漬けの毎日を過ごすことができました。ラボでの研究テーマは蛍光シュードモナス（*Pseudomonas fluorescens*）のクオラムセンシング（Quorum sensing）に関与する生理活性物質の単離・同定でした。このクオラムセンシングという現象ですが、筆者が初めて名前を知ったのは10年程前に勤務先で聞いたある講演がきっかけでした。今でもはっきりと覚えておりますが、最初の印象は「アレロパシー（化学物質を介した植物間相互作用）の微生物バージョンだ」と、非常に衝撃を覚えました。その後、少しずつ文献などを調べながら、いつかチャンスがあれば取り組みたいテーマの一つとして長年温めておりましたところに、経緯の詳細は省略いたしますが、今回の訪問機会が

Dieter Haas教授（後方左端）のご自宅にてラボメンバーと（撮影：筆者）

舞い込んで来たものですから二つ返事でＯＫいたしました。

3．エピソード

研究編

先方との事前打ち合わせでは、筆者が来研する秋までに同じラボで別の細菌を扱っている博士研究員（ポスドク）によってこの蛍光シュードモナスの大量培養条件が決定されており、筆者がその条件に従って大量培養を行い、目的の生理活性物質を単離するという手筈でした。しかし、世の中そう上手くいくはずもなく、到着早々に未だ最適な培地組成さえも決まっていないことが判明し、一から培養条件を検討することになってしまいました。これは筆者にとって大きな誤算であり、当初の予定であった滞在中に最低でも生理活性物質の単離まで行うという目論見は見事に崩れ去ってしまいました。しかし、文句を言っても何も始まらないので、筆者とボスならびに同じ細菌を扱っている共同研究者の3人でディスカッションを重ねながら何とかその年の暮れまでに生理活性物質の単離・同定に最適な培養条件を見いだすに至ったのです。この条件検討の際に役立ったのは、筆者が微生物培養のバックグラウンドをほとんど持っていなかったため、逆に自由な発想で条件検討ができたこと、さらに以前参加した植物関連の国際学会で聞いた、アミノ酸の一種であるトリプトファンを菌体外に放出する細菌が植物と共存しているという話でした。従来の培養法の培地ではタンパク質分解産物（リッチな培地）を添加していましたが、代わりにある種のアミノ酸を最小培地に1種類添加することが決め手となり、同等の培養速度を得ることに成功したのです。その後は新しく購入した大型の菌体培養装置をほぼ独占的に使わせてもらいながら、何とか目標通りの量の培養液を約1か月間で収集できました。培養液収集作業のピーク時には、早朝から終電時刻まで実験室に入り浸っていたので、夕方から毎日実験室の清掃をして下さる作業員の方達とはすっかり顔なじみになってしまいました。彼らにとって、このアジア人はなぜいつも遅くまで働いているのか不思議でしょうがなかったに違いありません。彼らと気の利いた会話を楽しめたら良かったのですが、相手がまったく英語を理解できなかったため、いつもフランス語での簡単な挨拶だけで終わっていたのが残念でなりませんでした。ラボでの生活は週２回の研究報告会（ラボメンバーのみ、およびＤＭＦ全メンバー）への出席と滞在期間後半の５週連続の講義以外はほぼ研究に専念することができました。筆者の所属していたＤＭＦという組織は大きく分けると４グループで構成されていましたが、メンバーは国（筆者の滞在時で約20か国）も文化も多種多様であり、ここでもスイスという国際色豊かな国を実感できました。実験で使う一般的な消耗品や試薬類は共用ストックから自由に使うことができ、足りない試薬は専門スタッフにお願いしておくと準備していただけたので、非常に助かりました。しかし、個人的な試薬調製をお願いする際には困ったことに専門スタッフが皆、英語が不得手ということでフランス語しかコミュニケーション手段がなく、仕方なく同じ居室のスイス人にシーン別フランス語会話集なるものを作成してもらいました。英語がコミュニケーション手段として成り立たない状況に接したのはこれが初めての経験でした。一方、講義に関しては講義中の学生（筆者の講義の場合は大学院生よりも大学スタッフ・ポスドクの出席率が高かった）からの質問の仕方に最初、面食らいました。日本では講義中に質問するにしても教員の話がある程度区切りがついたタイミングを見計らった上で質問するのが一般的だと思うのですが、あちらでは（これは欧州・北米共通の習慣のようですが）話の区切りなどまったくお構いなしに質問してくるため、流れが中断されてしまい、こちらとしてはどうにもテンポが悪く慣れるまではやりにくいもの

普段使用していた実験室にて、メンバーと筆者

でした。筆者のつたない英語による講義でしたが、ボスを始め、多くのメンバーがほとんど毎回出席してくれたのは非常に嬉しく、また、ラボメンバーの専門は微生物でしたので、筆者にはまったく想像できないような観点からの質問があったりして、非常に有意義なものでした。

食生活編

スイスの食べ物と聞いて多くの人がまず思い浮かべるのはチーズだと思います。このチーズを使ったチーズフォンデュもスイスの伝統的な料理の一つです。最近はフォンデュもバリエーションが豊富になり、フォンデュシノワーズ（中華風フォンデュ）という日本のしゃぶしゃぶに近い料理も人気があります。また、グリュイエールあるいはラクレットといったチーズの名前をご存知の方も多いと思います。これらはスイスの代表的なチーズなのですが、少し高級なスーパーに行くと、チーズは対面販売が主流であり、同じ種類でも熟成度合いで味が随分と違うことを試食させてもらいながら実感し、大いに勉強になりました（もちろん試食後には気に入ったものをいくつか購入することも忘れませんでしたが）。また、筆者は大の麺好きで、特にスパゲッティには目がありません。スイスはイタリア語も国語とする国なので、ローザンヌの街中にもイタリア料理の店が結構ありましたが、なかなか硬め（アルデンテ）のスパゲッティを提供してくれるお店に巡り合えませんでした。唯一、スイス国内で満足できたのはイタリア語圏の街で見つけたお店だけでした。これは筆者にとって大きな驚きであり、麺の硬さに特別こだわる日本のイタリア料理店との差を感じた点でした。スイスはワインの産地としても有名で、日本ではめったにお目にかかれないシャスラー（Chasselas）という品種から作られる白ワインは特筆すべき味でした。そのワインにはレマン湖産の小魚、ペルシュ（Perche）を使ったフィレ・ド・ペルシュという魚のフライ（ムニエル）がとてもマッチし、ローザンヌでもよく食べました。余談ではありますが、大学に来て間もない頃に隣のラボのベラルーシ人研究員に誘われて、レマン湖にペルシュ釣りに行く機会がありました。彼の釣り好きは筆者が事前打ち合わせでローザンヌ大学に来た時から知っており、日本のあるメーカーのルアー（疑似餌）が特にお気に入りということで、そのメーカーの製品カタログをプレゼントしたら非常に喜ばれました。釣りの仕掛けは日本でいうところのサビキのようなもので、さまざまな模様の毛バリが何本も連なったものでした。10月というオフシーズンだったせいもあり、非常に寒くて数は釣れませんでしたが、世界遺産のブドウ畑を湖面から眺めながらのボート釣りは、格別でした（その日釣り上げた魚はすべて彼にプレゼントしたのですが、後日燻製にして美味しく頂いたとのことでした）。このペルシュ、スーパーなどでたまに買って来ては家で調理しましたが、最近は乱獲のせいなのか、養殖物も結構出回っているようです。ペルシュは体長15センチ程の魚ですが、天然物だけでは需要を賄えず、養殖物に頼っている現状を見ると、天然資源の枯渇は世界共通の悩みだと思われます。魚の話題が続きますが、釣りにかける情熱というのは万国共通のようであり、釣りを趣味とする人間とは国籍は違えどすぐに打ち解けられました。また、肉で特筆すべきは鶏肉が非常に美味しかった点です。聞くところによると、スイス国内に出回っている鶏肉は法律ですべて平飼いの鶏を使うという決まりになっており、日本のブロイラーなるものは流通していないそうです。豚肉も非常に美味しく食べる機会も多かったのですが、意外にも牛肉を食べる機会はほとんどありませんでした。野菜は有機栽培とそれ以外の両方が用意されており、それなりに新鮮で美味しかったのですが、果物に関しては日本のものがどれほど美味しいかを再認識させられることが多々ありました。食事面で一番驚かされたのはその値段の高さです。しかし、給与水準も日本よりもはるかに高いので、スイス人はそれほど大した額とは感じていないようです。大学の食堂でも普通の定食なら軽く1000円を超えてしまうことが多々ありました。学食での一番のお気に入りはその場で生地から作って焼き上げてくれる本格的なピザでした（しかもハンドトスのパフォーマンス付き）。あまりにもよく買いに行ったので、帰国が近づく頃には店員とすっかり顔なじみになり、筆者も片言のフランス語であいさつを交わすことが多くなりました。また、食後はコーヒーというのがお決まりのパターンで、コーヒー好きの筆者には嬉しい習慣でした。ラボと同じフロアには広い休憩スペースがあり、そこでは自由にネスレ（スイスの世界的食品メーカー）のエスプレッソマシーンを使って淹れたてのコーヒーを楽しむことができました。ローストの違いで4～5種類ほど選べましたが、筆者には一番マイルドなものでも十分な濃さでした。一番濃いエスプレッソを好んで飲んでいるスタッフもいましたが、筆者には残念ながら苦味しか感じられないようなローストでした。もう一つ食事関係で忘れられないのは、パーティーのスタイルです。日本では誰かの祝い事がある場合、主賓ではなく、周りの人が準備をするのが普通ですが、スイスではアペロ（Apero）といって、主賓が準備をして周りの人をもてなすのが一般的です。筆者も帰国直前にアペロ（送別会）を開きましたが、準備した寿司などの日本食は結構評判が良かったようです。日本人にとっては馴染みのないルールですが、なかなか興味深い習慣であると感じました。

旅先編

スイスは日本と同様に鉄道網が非常に発達しており、時間の正確さにおいても日本にいる時とさほど変わらない印象でした。車両は軌道の幅の違いなのかは不明ですが、非常にゆったりとしており、揺れも少なくとても快適でした。また、ユニークといえば、先にも述べたようにスイスは多言語国家であり、車内アナウンスも英語を含む数か国語で行われるのですが、その順序が地域ごとに異なるため、言語の順序で先程の駅までがフランス語圏、ここからはドイツ語圏といった具合に容易に判別できました。また、ローザンヌの街中だけでなく、あらゆる旅行先での現地の人々との触れ合いで感じたのは、ほとんどの（少なくとも筆者が接した）人々は日本という国に対して、非常に好意的だということです。今日ではアジアのさまざまな国の人間がヨーロッパを訪れるようになっておりますが、筆者の思い込みが少しはあるにせよ、それでも日本人に対する接し方には相手に対する尊敬の念が込められていると感じました。これはさまざまな目的でスイスを訪れた日本の先人たちの努力の賜物であり、そのことに対して感謝するとともに、それらを次代に受け継いでいく責任があると考えています。筆者がスイスに惹かれたもう一つの理由は雄大なスイスアルプスの存在でした。ハイキングがライフスタイルの一部にもなっているスイス国民にとって、スイスアルプスはかけがえのない身近な存在となっています。日本人にもお馴染みのマッターホルンを始め、新田次郎原作の小説『アイガー北壁』で有名なアイガー、スイス最高峰・モンテローザなど、数々の名峰がスイスには存在します。筆者は学生時代、ワンダーフォーゲルを少しかじっていたこともあり、これらの峰々を直に見るのは非常にエキサイティングな体験でした。トレッキング事情の詳細はガイドブックに譲るとして、実際に歩いてみると実にダイナミックな自然に触れることができ、日本では決して味わうことのできないスケールの大自然がそこにある感じがしました。さらに、名峰だけでなく、スイスアルプスでのトレッキングの魅力は氷河との共演です。また、スイスアルプスの典型的な風景といえば、アニメ「アルプスの少女ハイジ」の原風景をイメージされる方も多いかと思います。スイスでは、あの原風景も国の重要な観光資源の一つという意識が強く、それを維持するために農業従事者に対して手厚い保護をしていることには深い感銘を受けました。

4. 数々のエピソードからのフィードバック

研究・生活スタイルに関して言えば、大学の研究スタッフは皆、オンとオフの区別がはっきりしていると感じることが多々ありました。朝の7時過ぎから実験・仕事を開始し、夕方にはサッと引き揚げます。そして週末は買い物をしたり、家族サービスに勤しんだり、あるいは趣味の時間を楽しんでいるようです。また、これは現代の日本人には到底真似することができませんが、バカンスをしっかりと取っていました。ある時、アメリカに留学経験のあるポスドクと話をしていて、彼から非常に面白いことを学びました。日本人（を含む多くのアジア人）は1週間も休暇を取ると非常に休んだと感じますが、アメリカ人は2週間程度の休暇を取ることは普通の感覚のようです。しかし、ヨーロッパ人の多くは3週間程度の休暇をあまり躊躇せずに取るらしいのです。ヨーロッパ人とコミュニケーションを図ろうと思うと、この辺の感覚もよく頭に入れておく必要がありそうです。日本人が余暇の取り方が上手くないことはさまざまなメディアを通じて見聞きして重々承知していましたが、実際にスイスで接した周りの人々の生活スタイルを見ていると、非常に納得させられました。残念ながら改めて日本人の筆者には決して真似ができないと確信した次第です。また、セミナー時の質疑応答は毎回、真剣勝負そのものでした。たとえ相手が教授であろうと納得いかない場合は徹底的に議論を戦わせます。さらに、昔から欧米人は自身の研究内容をプレゼン力でその何倍にも見えるようにトレーニングされていると聞いてはいましたが、さまざまなセミナーに参加するにつれ、少し理解することができました。もちろん非常に優秀な研究者も多くおり、彼らのプレゼン内容は非常に濃く、興味深いものでした。身近なところでは、同じラボの別の細菌を扱っているポスドクのセミナー発表に際し、筆者が苦労して条件決定した培養方法について、ほんの一瞬事実について触れはしましたが、あたかも自分で条件検討を行ったような振る舞いをされ、ただ唖然としてしまったのですが、それくらい研究はタフな世界であると再認識させられたものです。このようにラボ内であっても常に競争意識を持って皆、研究に勤しんではいますが、誰かが困っていると親身になってアイディアを出したり、またサンプルや文献を直ちに提供・手配してくれたりしますので、筆者から見るとあまり仲が良くないように見えても、実の所しっかりとフォローし合っているようでした。また、プレゼンの後には、たとえラボの研究報告でも必ず拍手をします。これは日本ではあまり馴染みのない習慣でした。先にも述べましたように、筆者は大学に滞在中、2~3時間の講義を5回やらねばならないということで、当初は胃が痛くなる思いでした。研究バックグラウンドの異なる人たちでも理解しやすいように、何度もスライドを作り直しました。筆者のプアな英語での講義でも熱心に聞いてくれ、講義の最後は毎回拍手で終わります。実に心地よい瞬間でした。内容はともかくとして、その拍手によって少し苦労と努力が報われた気がしました。そのようなわけで、今では筆者の担当する講義などで学生が発表した際は必ず、拍手で終わることを励行しています。また、スイスの博士後期課程の学生の意識として、日本のように3年間で何とか学位を取得しなければという強迫観念に苛まれることはなく、自分の研究がある程度まとまった時点で（もちろんさまざまな必須の要件は存在しますが）学位申請の準備に入るのが普通と考えているようです。日本では正規年度を越えてしまうとさまざまなマイナス要因が生じ、当該学生の精神衛生上も良くありませんが、日本も学位取得に対するフィロソフィーについて、教員側も含め認識を改める必要があるのではないかと考えさせられました。それともう一つ、これに関してはほとんど準備できていなかった筆者がいうのは滑稽ですが、できる限り現地の言葉（筆者の場合はフランス語）での会話を試みると、より良い信頼関係が構築できると確信しました。大学内でのセミナーなどは基本的に英語で行われるのですが、筆者は何度か英語での意思疎通ができない場面に出くわし、その都度つたないフランス語を使っての会話をするという羽目になりました。幸い、前述したように周りのサポートを得ながら何とか乗り切ることができました。しかし、無理をして下手なフランス語で会話を試みたことが逆に不幸を招く場面もありました。これは帰国前に筆者が一人で隣国イタリアまで電車で日帰り旅行した帰りの車内での出来事でしたが、国境警備隊の質問に下手なフランス語で答えていたら、今でも理由がはっきりしませんがパスポート以外に滞在許可証、大学の身分証明書の提示を求められたのです。結局、途中から英語での会話に切り替えてもらったのですが、「そんなフランス語で大学の講義をやれるのか?」というニュアンスの失礼なお言葉を頂戴しました。こちらも負けじと「講義は英語で行うのでまったく問題ない」と答えましたら嘲笑されて直ちに解放してくれました。旅先では普通の旅行客として振舞うのが一番であることを実感させられた出来事でした。

最後に、スイスでの貴重な数々の体験を通じて思うことは、日本人学生、特に男子学生にはもっとチャレンジ精神を持ってどんどん海外に挑戦してもらいたいと願う今日この頃です。偶然もあったかもしれませんが、滞在先では女性の研究スタッフ、学生の数が非常に多いことが印象的でした。筆者の使用していた実験室もスイス、フランス、イタリアと、国籍はバラバラでしたがすべて女性でした。特段気を使うということもありませんでしたが、今の時代どこの国でも女性の方がタフでバイタリティーがあるのかもしれません。また、近年の日本では何に関しても効率を優先し、これまで長い年月をかけて築き上げてきた伝統や文化が否定されている状況が多々みられます。自国の伝統や文化というものを愛し、一見無駄が多いように見えたとしても、それを後世に伝えていくことの重要性を再認識させられたスイス滞在でもありました。

アメリカ南部での異文化コミュニケーション

中野　洋（農研機構　作物研究所　稲研究領域　主任研究員）

1. 訪れた都市の概要

アメリカ合衆国農業研究局（United States Department of Agriculture (USDA)-Agricultural Research Service (ARS)）の天然物利用研究ユニット（Natural Products Utilization Research Unit (NPURU)）において２０１０年12月から２０１１年12月までの１年間研究する機会を得たので、異国の地におけるその間の研究や生活で感じたことを紹介する。この研究ユニットは、ミシシッピー州オックスフォードにあるミシシッピー大学（The University of Mississippi）の国立天然物研究センター（National Center for Natural Products Research (NCNPR)）内にある。オックスフォードは、キング・オブ・ロックンロールと称されたエルヴィス・プレスリー（Elvis Presley）が生まれ育ったテュペロや彼がミュージシャンとして活躍したテネシー州メンフィスから車で約１時間、ジャズ発祥の地として有名なルイジアナ州ニューオーリンズやコカ・コーラとCNNの本社があることで有名なジョージア州アトランタから車で約６時間の場所にあるアメリカ南部の人口約２万人の大学街である。日本からオックスフォードへ行くには、その最寄りの国際空港であるメンフィスへ直行便がないので、シカゴやミネアポリスなどで乗り継がなければならない。このためか、東海岸や西海岸の都市に比べると日本人の数は限られており、渡米直後はこのまま日本人に会わずに帰国するのかと思ったほどである。

オックスフォードは、州立大学を誘致しようとイギリスのオックスフォード大学（University of Oxford）に因んで名付けられ、１８３７年に制定された市である。その11年後の１８４８年にその希望が叶い、この市に州立のミシシッピー大学が設立された。ミシシッピー大学は、１９６１年にアフリカ系アメリカ人ジェームズ・メレディス（James Meredith）が入学する際の暴動に、ジョン・ケネディ（John Kennedy）大統領が連邦軍を送った大学として有名である。またノーベル賞作家ウィリアム・フォークナー（William Faulkner）は、オックスフォードに長年住み、この市をモデルに数々の作品を生み出した。ミシシッピー大学の学生でもあった彼が住んでいた家は、現在ミシシッピー大学が管理し、一般に公開されている。市役所の前には彼の像があり、観光客がその像と一緒に写真を撮る姿が見受けられた。ミシシッピー州は貧困率と肥満率が高いことで有名である。オックスフォードの人々は学生を含め多くは比較的裕福な生活をしているようであったが、ミシシッピー州内の他の市と同様に肥満率は高そうであった。日本人の肥満なんて肥満の内に入らないような気がした。また、オックスフォードに限ったことではないが、アメリカ南部では冬から春になる気温が上昇する季節にトルネード（竜巻）が多く発生する。実際に、私が滞在していたときにもトル

オックスフォードの市役所。建物の右手にはウィリアム・フォークナーの像がある。

ミシシッピー大学。大学の中心には緑豊かな広場があり、学生がノートパソコンを開く姿が見られる。

ネードが多発する日があり、住んでいたアパート群の1棟が半壊してしまうことがあった。トルネードが通過するときは、真夜中のように真っ暗になり、洗濯機の中にいるような激しい風雨であった。地震やハリケーン（台風）も怖いが、トルネードも非常に怖い自然災害である。

2. その都市を訪れた目的

NCNPRには、天然物化学、植物生理学、分子生物学などを専門とするさまざまな研究者が所属すると共に、国外からの客員研究員やポスドク（博士号取得後に任期制の職に就いている研究者）も多数所属している。NCNPRの入る建物は、3階に化学系の研究者の実験室とオフィスがあり、2階に生物系の研究者の実験室とオフィスがある。テニュア（終身雇用資格）を持った研究員は個別のオフィスを利用し、テクニシャンやポスドクはオフィスをシェアしている。実験室は建物の中央にあり、その回りをオフィスが取り囲む構造になっている。このため、オフィスから実験室へのアクセスが極めて良い。また、1階に管理職のオフィスと図書館があり、地下に天然物由来の抽出物や物質のバイオアッセイ（生物検定）を行う実験室に加え、抽出物や物質のコレクションが保管されている。このように、この建物では化学系と生物系の研究者が極めて効率的に共同研究できるシステムが作り上げられている。なお、セキュリティーは厳重で、建物の利用者はカードを持ち、まず建物に入るときにセキュリティーロックを解除し、実験室とオフィスのフロアに入るときにもう1度セキュリティーロックを解除しな

天然物利用研究ユニットの入る建物。建物上部の多角形の部屋には数台の核磁気共鳴装置が設置されている。

カントレル博士（左）と *Echinops transiliensis*（ヒゴダイ属）。この植物はカザフスタンに自生している。

ければならない。また、同じ建物の中でも利用が許されていないスペースには入ることができなくなっている。さらに、夜間と休日は実験室とオフィスをロックするようにしている。このため、部外者が入ってくる心配がなく、毒劇物、実験データ、実験材料を安心して管理できるシステムになっている。

私は、植物に微量にしか含まれない生理活性物質の単離・同定手法を習得するために、天然物化学の分野で多数の業績のあるＮＰＵＲＵのチャールズ・カントレル（Charles Cantrell）博士のお世話になった。カントレル博士の研究室には、カザフスタン在来植物の抽出物のコレクションがあった。私たちは、このコレクションの中から、これまでの報告から特異な化学構造を有する生理活性物質の単離が期待できると思われた*Echinops transiliensis*（ヒゴダイ属）を植物材料として選定した。実験を始めてからは、毎日カントレル博士と実験の結果をディスカッションすることにより、その方向性を確認しながら進めていった。カントレル博士は、多忙にもかかわらず、毎日ディスカッションの時間を取ってくれた。また、ＵＳＤＡ-ＡＲＳの研究者には何人かのテクニシャンが付いており、カントレル博士には男性のソロモン・グリーン（Solomon Green）氏と女性のアンバー・レイチリー（Amber Reichley）氏が付いていた。彼らは、大学時代に化学を専攻しており、物質の分離・精製や単離・同定に加え、物質の化学合成に関するすばらしいテクニックを持っていた。彼らは、私の研究においても手際良くサポートしてくれた。この実験では、*Echinops*属に特異的に含まれ、動植物に対するさまざまな生理活性を持つチオフェン（thiophene）をターゲットとした。このため、物質の分離・精製は、核磁気共鳴（ＮＭＲ）スペクトルのチオフェンに特異的なシグナルを指標にして行った。実験開始後しばらくは特段面白い化合物を単離・同定できていなかったが、数カ月経ってから極微量に含まれる新規炭素骨格を有する化合物エキプサセチレンＡ（echinopsacetylene A）を単離・同定することに成功した。天然物化学の研究では、単離した新規の物質が生体内でどのような過程を経て合成されるかを明らかにすることに加え、その物質がどのような産業上重要な生理活性を持つかを明らかにすることが重要である。私たちは、ＵＳＤＡ-ＡＲＳのイエシロアリ（*Coptotermes formosanus*）研究ユニット（Formosan Subterranean Termite Research Unit）に所属する研究者に、エキプサセチレンＡのイエシロアリに対する毒性について調べてもらうことにした。その結果、この物質がイエシロアリに対し強い毒性を持つことが明らかになった。この結果を受け、私たちは早速論文の作成に取り掛かり、短期間で書き上げた論文をアメリカ化学会の雑誌*Organic Letters*に投稿した。その論文は、レビュアーによる査読を経て、２０１１年10月に受理され、11月に出版された。

ナマズ料理を食べられるレストラン。このレストランでは、カントリーミュージックの生演奏を聴きながら食事ができる。

アメリカ南部ではナマズの養殖が一大産業となっており、ミシシッピー川流域には大規模な養殖場が広がっている。泥臭いためか嫌いな人も多いようだが、ムニエルや唐揚げにして食べると非常に美味しい。また、日本の子供たちに人気のザリガニは、スパーシーな味付けで茹でて食べる。これは、ビールによく合うつまみである。カントレル博士に、ザリガニが日本ではペットとして飼われていることを伝えると、“Really?”（本当？）と言って非常に面白がっていた。オックスフォードには、ナマズやザリガニだけでなく、アリゲーター（ミシシッピーワニ）を提供しているレストランもある。これぞまさに食文化の違いである。アメリカ合衆国農業研究局の南部地域（Mid South Area）の一部分の研究者は、ナマズの安定生産に関わる研究に精力的に取り組んでおり、ＮＰ

URUの2階に実験室とオフィスを構えるケビン・シュレイダー（Kevin Schrader）博士もその一人だった。シュレイダー博士は、カントレル博士の持っている抽出物のコレクションの中からナマズの病気を引き起こす細菌に強い毒性を示す *Atraphaxis laetevirens*（タデ科）の抽出物を見いだしていた。しかし、これまでのシュレイダー博士とカントレル博士の共同研究では、その原因物質の単離・同定にまで到達していなかった。そこで、カントレル博士から興味があるならその原因物質の探索を行ってくれないかと依頼され、論文を1報書き終えていた私は新たなテーマに挑戦してみることにした。物質の分離・精製を私が担当し、バイオアッセイをシュレイダー博士が担当した。バイオアッセイを指標に物質の探索を行うと、場合によっては分離・精製過程において、その活性がなくなってしまうことや活性を追うことはできても材料が不足してしまうこともある。しかし幸運にも、この実験においては分離・精製過程で活性がなくなることや材料が不足してしまうこともなく、原因物質に到達することができた。私たちは、私の帰国後、シュレイダー博士と協力して論文作成に取り掛かり、書き上げた論文をアメリカ化学会の雑誌 *Journal of Agricultural and Food Chemistry* に投稿した。その論文は、レビュアーによる査読を経て、２０１２年10月に受理・出版された。

3. エピソード等

渡米後1週間は大学に近いホテルに滞在し、その間にカントレル博士とオックスフォードの市内をぐるぐる回り、1年間住む家と乗る車を決めた。またオックスフォード滞在初日には、同行した当時5歳の長男と4歳の長女がウイルス性胃腸炎に感染してしまったため、緊急病院に連れて行かねばならなかった。当時住んでいた福岡から、成田、シカゴ、メンフィスと乗り継ぐ24時間以上の長旅だったため、子供たちには相当の負担だったのかもしれない。

カントレル博士は、病院に駆けつけ、アメリカの病院に不慣れな私たちをサポートしてくれた。その当時は、私たちのことを考えるだけで精一杯で気が付かなかったが、今思うと多忙を極める彼の時間を私たちのセットアップのために随分と割かせてしまった。

カントレル博士の研究室では、テクニシャンのグリーン氏とレイチリー氏が主に実験し、カントレル博士はほとんど自分自身で実験することはない。彼が実験をするのは難しい化学反応実験をするときくらいである。彼はグリーン氏とレイチリー氏と実験の結果を毎日ディスカッションし、その方向性を決めていた。その他の時間は、研究資金獲得のための書類作成、共同研究者との打合せ、論文の執筆に加え、学術雑誌から依頼された論文のレビューなどに費やしているようであった。これは、データの獲得に自分自身の時間を随分と割いている日本での私の研究スタイルとは大きく異なっていた。

私たちがオックスフォードの生活に慣れ始めた頃、カントレル博士は私たちの歓迎会を彼の自宅で開いてくれた。彼の自宅は大学から車で20分くらいの距離にあり、なんとその敷地面積は20エーカーを超えるという。その敷地に、馬、牛、羊などを飼っている。まるで牧場である。彼に言わせると、そこで生活していると毎日のストレスから解放されるのだそうだ。日本では考えられないような暮らしぶりで、羨ましい限りであった。その歓迎会には、研究室のメンバーだけでなく、その家族や友達など多数集まってくれた。このようなパーティーでは、それぞれの参加者が自分のお気に入りの食べ物を1品持ってくるので、なかなか豪華なメニューになる。特に、カントレル博士の研究室には、デンマーク、ブラジル、インドなどからの客員研究員や学生が所属していたので、国際色豊かなメニューとなることが多かった。日本の似たような会合だと、職場の同僚しか集まらず、ついつい仕事の話になってしまう。しかし、このように同僚の家族や友達がいることで、職場ではできない仕事以外の楽しい話がたくさんでき、同僚の家庭環境を把握することができる。このため、同僚の家庭環境を把握した上で、仕事を一緒にできるよ

小学校校舎の玄関に続く児童送迎のための車列。
小学校前の公道が渋滞になることもある。

うになるので、職場での気の使い方も変わってくるであろう。

　長男は、大学の近くにある公立小学校に通っていた。日本のように徒歩で通学する児童はほとんどおらず、スクールバスを利用するか親に車で送迎してもらう児童がほとんどだった。送迎の車は校舎の玄関から長蛇の列ができ、保護者は車に乗ったまま子供を玄関前で教師に引き渡すことになっていた。平日は、長男を小学校に送り届けた後、大学内の幼稚園に長女を送り届け、その足で職場に向かうことにしていた。小学校の玄関を入った廊下に、昔のヒーローとしてマーティン・キング（Martin King）牧師、現在のヒーローとしてバラク・オバマ（Barack Obama）大統領を子供たちが描いた絵が飾ってあるのが印象的だった。人種差別が残り続けた南部の学校だからだろうか。また、アフリカ系アメリカ人の児童、ヨーロッパ系アメリカ人の児童、メキシカンの児童は、それぞれどのような思いでその絵を描いていたのだろうか。その小学校の教師はなかなか厳しく、児童は廊下を歩くときは手を後ろにしなければならなく、私語は禁じられていたようである。長男から聞いたランチのときの面白い話がある。日本では最後に食べ終わる子供に合わせてランチタイムが終わるが、その学校では先生が食べ終わるとランチタイムが終わるというのだ。そして子供たちが食べられなかった食事は、惜しむこともなくすべてゴミとなるそうだ。大量消費国の一面を垣間見たような気がした。

　私たちがオックスフォードに住み始めてから3カ月が過ぎたころ、日本では東日本大震災が起こった。3月11日の朝、長女を大学内の幼稚園に送り届けたときに、日本に住んでいたことのある先生から東京が地震で大変なことになっているが日本に住んでいる両親は大丈夫かと聞かれた。その日の朝ニュースを見ていなかった私はとても驚

ニューオーリンズの観光地フレンチクオーターの中心にあるジャクソン広場。セントルイス大聖堂の前にはニューオーリンズ戦争の英雄アンドリュー・ジャクソンの像がある。

き、職場に着くやいなやインターネット上のニュースを調べ、現実とは思えないほどに大きな津波の映像を見ることになった。電子メールボックスを開くと、千葉県に住む父から、無事であるとの旨のメールが届いていた。その後、連日地震関連のニュースがテレビでも新聞でもトップで報じられていた。

私たちは、休みを利用して南部の都市を見て回った。日本の震災後に訪れたジャズ発祥の地ニューオーリンズでは、演奏を聴いているとアーティストからどこから来たかと尋ねられ、日本から来たと答えると、日本の家族の安否を尋ねられ、さらに坂本九氏の「上を向いて歩こう（Sukiyaki）」を演奏してくれた。ニューオーリンズは、２００５年に２０００人を超える死者・行方不明者を出したハリケーン・カトリーナの被害を強く受けた都市であり、これに関する資料館や映画館がある。このため、日本の震災には、他の都市以上に関心が強く、市内を歩いていても、私たちの日本の家族の安否を心配してくれる人が数多くいた。

4. そのエピソードからのフィードバック

休日、実験のために職場に出向くと、ヨーロッパ系アメリカ人の研究者はほとんどいないが、アジア系の研究者は実験に励んでいる。日本の研究現場でも休日も関係なく実験に打ち込む研究者の姿をよく見かけるが、これはアジア人の努力を惜しまない気質なのかもしれない。一方、ヨーロッパ系アメリカ人の研究者は、効率的なシステムを作り上げ、その上で合理的に仕事をしているように見えた。また、時間になったら仕事を切り上げ、帰宅するというスタイルを取っていた。仕事をする前に終了時間を決めておくと、その時間までに仕事を終えるにはどのようなペースで仕事をしなければならないのかが自動的に決まってくる。このスタイルは是非真似したいところである。

先に述べたように、私はカントレル博士との研究で*Echinops transiliensis*から新規炭素骨格を有するエキプサセチレンAを単離・同定することに成功した。この過程において、面白い化合物の存在が明らかになったとき、すでにこの物質をメインに含む画分の量が少なくなっていたため、カントレル博士からこの物質の単離・同定は無理だろうと言われていた。確かに効率と確率を考えると、この物質の単離は諦め、別の物質の分離・精製を始めるのが合理的な判断だったのかもしれない。というのも、天然由来の物質の化学構造を決めるときに単離した物質が少ないと、その物質の重要な情報が得られるNMRを測定できないことがある。しかし、私はこれまでの経験から、この物質が微量含まれる他の画分から掻き集めればなんとかなると思い、この物質の分離・精製を続けた。その結果、エキプサセチレンAの単離・同定に成功した。やはり、研究には効率だけでなく、日本人らしい努力も大切なのだろう。

一般の人から見ると、研究者は実験室に籠もり、自分1人だけで実験し、他人とは付き合わないというイメージがあるのかもしれない。しかし、インパクトのある研究成果を目指すには、1人だけの力では到底足りず、別の専門分野の研究者の協力が必要不可欠になる。カントレル博士の場合でも、彼の研究室で単離した物質を、その物質に相応しいバイオアッセイ系を持っている研究者に受け渡し、そこで得られた結果を含めてとりまとめている。また、私のような海外からの客員研究員を毎年数名受け入れている。このように、研究者もコミュニケーション能力が高いに越したことがなく、その高いコミュニケーション能力により実験の幅を広げることができる。

私は、テニュアを持った研究員と同様の個別のオフィスを割り当ててもらっていた。3階のフロアの入口から私

カントレル博士の家族。カントレル博士（後列の右から2番目）、カントレル博士夫人（後列の右から3番目）、筆者（後列の左から1番目）、カントレル博士夫人は、長男の通う小学校で英語を母国語としない児童に英語を教えていた。

のオフィスに行くためには、テクニシャンたちのオフィスの前を通らなければならなかった。そこに机を置くグリーン氏は毎朝“How are you doing?”（調子はどう？）や“How's your family?”（家族は元気？）と声を掛けてくる。私もそれに応じ、前日の帰宅後にあった出来事や最近の家族の様子を伝えていた。また、街を歩いていて私がくしゃみをすると、見ず知らずの人から“Bless you.”（お大事に）と言われることがある。初めは苦笑いをしていたが、慣れてくると“Thanks”（ありがとう）と言い返せるようになった。彼らは、コミュニケーションを取るのが日本人に比べ遙かに上手であり、非常に積極的である。

異文化を持つ人たちと接するのは非常に新鮮である。時には、戸惑うこともあるが、学ぶべきところは多い。近年、若手の研究者が海外に行かなくなっていると報じられている。確かに、日本の研究レベルは欧米に劣るとは思えず、また研究環境も整ってきている。しかし、研究の進め方のスタイルには大きな違いがあった。また仕事だけでなく、プライベートでも付き合ってみると、仕事とプライベートを上手く分けているのにも気付かされた。研究者に限らず、若い時期に異文化を体験することは、考え方の幅を広げてくれるはずである。アメリカ南部、お勧めの異文化交流の場である。是非お試しあれ。

アメリカでの異文化コミュニケーション

山添　紗有美（スタンフォード大学博士研究員）

1. 訪れた都市の概要

アメリカにおいて非常に長い歴史を持つ大学のひとつであるスタンフォード大学は、カリフォルニア州のサンフランシスコから車で30分ほど南に位置します。にぎやかなサンフランシスコとは違い大学周辺は非常に静かで、治安もよく、田舎育ちの私に取っては大変住み心地よく感じられました。年中通して雨が少なく、快適な気候で、人々の性格もそんな環境に影響されてか、大変友好的で道を歩いているだけで、たくさんの人達が声をかけてくれます。ただ大学のあるスタンフォード市、その隣のパロアルト市は、子供の教育上、重要になる優秀なスクールが揃っているためか、物価が非常に高く、スタンフォード大学で研究する博士研究員の方々や学生さんの多くは、大学からもう少し離れたマウンテンビュー市やサンタクララ市に住まれるようです。このエリアで長年住んでおられる地元の方々は、さらに南のサンノゼに家を持っておられるケースが多く、また中国から来られた方々はサンフランシスコ湾を跨いだフレモントに家を買われる傾向があるように思いました。

若い方々のなかには、そういった地区は静かすぎて、つまらないという方も多く、そういった人たちはサンフラ

大家さんのサイモンとローラ、真ん中が筆者

ンシスコに住んで、電車で通勤、通学されています。私はパロアルト市に住んでいますが、1人部屋はあまりにも割高でしたので、ホストファミリーというわけではないのですが、1部屋間借りする形で香港出身の大家さん一家と同居しました。ルームメートや大家さんとのトラブルという話はよく聞きますが、私は幸運に恵まれ、同居している大家さんご家族は信じられないくらい人のよい方々で、何度もトラブルから救っていただきました。

大学キャンパスは広大で、スタンフォードで研究を始めて約3年になりますが、依然研究室以外の場所に行くときは道に迷ってしまいます。先ほど電車を使う人もいると書いたのですが、日本の便利な電車と異なり、大学周辺を走っているカルトレインは基本的に1時間に1本しか来ないので、暮らしていくには車は必須であると思います。

2. その都市を訪れた目的

私がスタンフォードを訪れたのは、スタンフォード大学にあるケミカルバイオロジーの研究室にて博士研究員として、研究を行うためです。初めてスタンフォードを訪れたのは、博士研究員として受け入れていただくための面接を受けに行ったときです。博士課程の3年目、所属研究室の教授でおられた上杉志成先生のご助言もあり、海外での研究先を探しました。電子メールでスタンフォード大学にて興味深いプロジェクトを行っておられたジェームス・チェン先生に、その旨をお伝えしたところ、幸運にも（?）返事を返してくださりました。その後推薦書を送信し、さらに電話面接ののち、スタンフォード大学に実際に訪問し、インフォーマルなものではありますが研究内容を発表する機会をお与えしてくださいました。研究室を訪問させていただく機会を得たのは、博士課程の最終学年の8月でした。

面接のスケジュールは1日がかりで、まずジェームス先生との対談、研究内容発表・質疑応答、ジェームス先生との昼食、研究室のメンバー一人ひとりとの個別の対談、再び先生とオフィスで会話、研究室メンバーのうちの3人と夕食というものでした。当時、私は英語をうまく話せませんでしたので、この面接のための3日間のカリフォルニア滞在中一睡もできなかったことを覚えています。

研究内容発表といいましても、日本での発表とはまったく異なり、先生、学生さん、技官さんも含め、皆さん大変リラックスした様子で、椅子にもたれかかって座ったり、食事されたりしていました。ただ、決して発表内容に興味がないというわけではなく、大変鋭い指摘や、興味深いアドバイスを多数いただくことができました。発表中は、口頭で英語で説明をするのですが、皆さんスライドを見たほうが理解しやすいようで、スライドを切り替えるたびに、私の言葉を待たずにたくさんのご質問を受けました。私の口頭での説明がまったく不必要なもののように感じられ、またゆっくりとしか話すこともできませんので、無意味に時間を費やしてしまい、非常に申し訳なく思いました。研究室すべてのメンバーとの個別対談を終え、先生とオフィスで会話したとき、握手してくださいました。あまり特筆すべきことではないのですが、日本では先生と握手する機会はあまりないなあと思いながら、研究室を後にしたことを覚えています。この時にオファーレターを送っていただけるとの旨を先生からお話していただいたのですが、お恥ずかしいことに〝オファーレター〟の意味を知らなかったので、わけも分からず、ただただイエスとサンキューで応対し帰ってきました。帰国後、オファーレターの意味を調べて、初めて大変有り難いものだと発見し、非常に興奮し、うれしく思いました。

グループミーティングの様子

左が研究室教授のジェームス先生

その後、3月に学位を取得し、4月より正式にスタンフォード大学のジェームス・チェン研究室にて博士研究員として研究を開始しました。先生の研究室には大きく分けて2つのテーマがあります。ほ乳類の細胞培養をベースとした細胞内シグナルの研究と、ゼブラフィッシュを用いた生物発生の研究です。私の博士の研究内容は前者に近いものだったのですが、私には後者が大変ユニークで魅力的に思われましたので、ゼブラフィッシュを用いた研究をさせていただくことにしました。研究経験はゼロであるにもかかわらず、このテーマで研究させていただく機会を与えてくださり、先生には今でも感謝しています。おかげさまで、容易ではありませんが、たくさんの新しいことを学ぶことができ、刺激的な研究生活を送っています。しかし私がアメリカで研究を行うことを決めた理由は、研究だけではありません。もう1つの重要な理由は英語を勉強するためです。その意味では、毎日研究と英語を習わせていただく環境におかれていますので、非常に満足しています。

3. エピソード等

ある日、ジェームス先生が私ともう1人のアメリカ人の女性の博士研究員をオフィスに呼びました。ある研究を誰がするかを決めるためです。実は、その研究はあまり誰の研究プロジェクトとも直接的に関連しておらず、たらい回しになってしまっているものでした。先生は事情を説明し、2人のうちどちらかにやってくれないかとご質問されました。間髪を容れずに、もう1人の女性研究員は『それは自分の研究とは関係がない。そういったことには一切興味はないので、やりたくはない』と言われました。その後、私に視線が当てられたので、思わず『あまり経験がないので自信はありませんが、がんばってみます。』と答えてしまいました。その時の表情か口調がおかしな調子だったのか、部屋を出たあと、当の女性研究員は私に、やりたくないならやりたくないと言わないとだめだと注意されました。

また、他にもこんなことがありました。研究室の中国人の大学院生のひとりと昼食をとっていたところ、『君は非常によく働く。でも、それは他のメンバーにとってプレッシャーになってしまう』と言われました。さらに、『君はただ研究を進めたくて、自分のために熱心にやっているだけだとは分かっているが、その姿はアメリカ人にとっては脅威になってしまうことがある。こちらの人達は些細なことでも何でも話して、そうした対話にもっと時間を費やす』と続けました。まったく悪気はなかったのですが、ほかの人たちを不快にさせてしまっていたと思い、少し悲しく感じてしまいました。

4. そのエピソードからのフィードバック

一般的によく知られたことかもしれませんが、アメリカでは他人と議論することに価値が置かれます。私自身も、そのようなことは承知だったのですが、それを実行に移すことは思っていた以上に難しいものでした。アメリカに来てから、自分の意見を主張したり、他人と議論を交わしたりするように頑張ってみたのですが、それでもまだ足りないようです。特にやらなければならないことがたくさんある時は、そうした行為に費やす時間がなくなってしまうのです。アメリカ人の人たちは日々議論しながらも、しっかりと実験のデータをとっておられるので、非常に効率的に仕事をされるのだなあと感心します。こうした十分な議論が効率的な仕事につながっているのだろうとも思います。そのようなことは理解してはいるのですが、他人と口論したり、自己主張することがあまり美徳とされない傾向がある日本で30年近く過ごした私としますと、なかなか簡単に自分を変えることはできないものです。ジェームス先生からは、実験のことだけでなく、言語や文化のことまでアドバイスをいただくのですが、こちらでやっていくには他人との議論、自己主張は絶対不可欠だと何度も言われました。

このような価値観を反映してか、こちらでは他人と議論する機会が多くあります。特に興味深いと思ったことは、グループミーティング前の「ラウンドロビン」と呼ばれるトークの時間です。１週間おきのミーティングごとにラボのメンバーの何人かが、自分のやっていることを全員に説明するのです。これはミーティングにおける発表とは別のもので、スライドも資料も何も用意しません。初めて私の番が来たときは、事前に何の連絡もなく、いきなり先生に名前を呼ばれたので、何をしたらよいか分からず本当に困惑しました。このラウンドロビンは本当にインフォーマルなもので、会議というよりは雑談といった様子です。しかし、１回のミーティングに4、５人が当てられるので、ミーティング本体の発表よりも長くなることが多々あります。また英語があまりできない私としましては、視覚的な資料がないため、議論についていくのはかなり厳しくもあります。

さらにインフォーマルなものとして、研究室内での初夏のワイナリー巡りや、スキー旅行、野球試合の観戦といったイベントが催されます。

また私の所属するデパートメントでは研究室間でも、たくさんの人達と対話や議論したりする機会が豊富に用意されています。例えば金曜日の夕方に催される「ハッピーアワー」ではお酒や軽食が振る舞われ、他の研究室の人や、その友達、あるいは家族とお話する機会がもてます。また「ピザトーク」では、１週間ごとに学生１人、博士研究員1人が研究内容を複数の研究室のメンバーに対して発表し、ディスカッションします。さらに1年に1度、デパートメント中のすべての研究室が一堂に会して、研究成果の発表を行うイベントがあります。これは学内ではなく、山や湖、海辺といった美しい環境に囲まれたホテルやイベントホールを会場とし、2、3泊して行われます。イベント中は、研究発表だけではなく、研究生活一般に関するパネルディスカッションや、研究とはまったく関係ないゲーム大会、スポーツや自然散策の時間も盛り込まれます。

またイベントでないのですが、こちらの研究室に来て驚いたことは、研究室間にしきりがないということです。アメリカに来て以来、日本からの友人や知人を数回、研究室にお招きしたのですが、皆さん研究室の大きさに驚かれていました。実はこれは間違いで、私の研究室自体はさほど大きくはないのですが、研究室間にしきりがないので非常にオープンな構造になっているのです。これは些細なようで大変大きい意味をもっているように思います。

ハッピーアワーの様子

先にも述べましたが、こちらの人たちは非常に社交的ですので、すれ違うたびに何かしら話しかけてくださいます。そのようなかたちで、異なったバックグラウンドをもつ研究者と知り合うことになりますし、アイデアをいただいたり、情報を交換したりすることもできます。

正直なところ、私自信はまったく社交的なほうではないので、アメリカの人たちがあまりにフレンドリーすぎて困惑してしまうこともあります。しかし、日本でもこちらのようにもっと情報交換を密にすれば、日本の人たちの大きな利点である勤勉さや懸命さ、精密さと相まって、さらに素晴らしい研究が生まれるのではないかと思いました。

第2節　ビジネス

サンパウロの貿易会社での経験

金剛　仙太郎（貿易会社勤務）

退職

私が現在勤務しているブラジルはサンパウロの貿易会社での光景だ。あっさりというか、慣れているというか……「俺、今日までだから、いろいろとありがとう。元気でやれよ！」。ある日の出来事だ。「え？」。驚く私を尻目にその同僚のブラジル人は抱き合ったり、手をがっちりと握り合ったり、まるで日常の挨拶をするかのように次々と社内で挨拶をして回る。そう、彼は今日で会社を去るのだ。このような光景に当初は驚いた。「え？　事前の知らせなしで!?」。一切合財ぶっ飛ばしたこの方法。合理的といえば聞こえは良いが、それは辞める当人にとってだ。会社にとってはだ。会社や後を引き継ぐ者にとっては「え？　困る」のだが、だいたいがこのようなので、もはや仕方がない。しかし、よく観察していると辞めそうな人の傾向は掴むことはできる。我が社の場合、有給休暇はあるが、勤務時間はそこまで厳密に管理しているわけではなく、お互いの信頼関係で成り立っているところが大きい。実際にあった例だが、例えば「子供を病院に連れて行く」や、「子供の試験があるので……」と。その時には「ふーん、そうなんだ。ずいぶんこちらの親は熱心だな」と思っていた。しかし、やはりこれらは会社を去る布石だったのかもしれない。「そんなに子供の用事が続くものか」といぶかりながらもＫＹ（空気を読めない）私は、

「子供の病気はどう？」や、「試験はどうだった？」などと、同僚に尋ねていたのだから、嫌味な日本人だったに違いない。

それにしても……自分のときにはどうなるのだろうか？　と考えるときがある。「辞めます。明日から来ません」というのは、なかなかできない。会社にも同僚にも迷惑が掛からないように、と考える。後任が見付かり、十分に引継ぎが済んでから、というように考えるだろう。ある日、次のような考え方を聞いた。ブラジル人は会社のことを共存共栄、共に成長し生きていくという対象として見ているのではなく、キャリア・アップや経験を積む場として見ている人が多い。自ずと担当以外の仕事に対しては、まずは断る。時間が足りない、となれば残業時間もしっかりと記すか、堂々と賃上げを要求する。会社に属したり言い分をすべて聞いたりはせず、対等な位置にあると感じる。条件が合わなければ次を探す、といったドライな面がかなりある。私はどうしても、「お上（会社）の言うことは聞かないと」という感情があるので、彼らのやり方を羨ましく思うことが時々ある。

出張

ブラジルに着てから東北部から南部まで、本当によく出張に行く。何しろ日本の23倍の国土なので、移動距離もまた半端なく長い。一度、日本からお客様３名が新しい取引先を開拓するために見学しに来たときには、さすがに疲れ、国土の広さを実感した。通常は日程を１週間に詰め込み、効率よく回れるルートを考える。まず初めにサンパウロに着き、都市Ａ→都市Ｂ→都市Ｃ→……→サンパウロ、といった具合だ。飛行機便は小さな都市では便数が少なく、時間の選択肢が狭まる。とんでもない時間に起きなくてはいけなかったり、夜遅くのチェックインになったりと、案内する我々としてもなかなかしんどい。ましてや時差12時間の長旅を経てやってくる日本からのお客様には堪らないだろう。それに追い討ちを掛けるのが空港からの移動。我が社の場合は食品系の工場を訪問する機会が多く、その多くは広大な大地にポツンと地図上、いや、地球上に位置している。「一体どうやって行くの？」と、そんな疑問が出るくらい、大変辺鄙な場所にある。

問題の行き方なのだが、まずは考えるのは「車で行ける距離なのかどうか？」。なかなか判断に迷うことが多いのだが、距離だけでいえばおおよその目安は５００～６００㎞。このくらいであれば車で行った方が早いし楽である。私は当初、「誰がそんなに長い距離を運転するのだ！」と思っていたが、そこは遮るものがないような大地で育ったブラジル人と、狭い国土で育った日本人の感覚の違いで、それくらいの距離なら「すぐそこ！」といった感覚である。実際にブラジルは南米の中でも道路は整備されている方で、サンパウロから1時間も走れば大地が広がり、水平線も見渡せ、日本の高速道路よりも開放的な景色が広がっている。こちらではみな、１５０～１６０㎞で飛ばすものだから、５００～６００㎞はあっと言う間だ。

ただ、毎回痛い目にあっていることがある。これればかりは避けようがないが、それは、目的地の最後は人に聞くということだ。人に聞く……一見、簡単なようでかなりの曲者である。それは、とにかく彼らは「知らない」と言わないことだ。さらには、シンプルに伝える方法を知らない。こちらがイメージしている返答は「まっすぐ行き、次の信号を右に曲がり、１００m程行き左折する……」という感じだ。しかし、お喋り好きなブラジル人、余計なことをごちゃごちゃと混ぜる。本当に、どれが大切な単語かも分からないくらい、早口で、たまに土着の言い方を混ぜて話すものだから、ポルトガル語があまり得意ではない私にとっては真面目に聞いていると混乱してくる。そして言われた通りにいくと、ほとんどが外れ。そこで再度聞く羽目になる。さらには田舎では人そのものに出会う確立が低いので、ここでまた時間を喰う。ブラジル人はみんな親切で（ただ単に人が好きなのかも）、異国人の私が突然、下手なポルトガル語で質問しても、嫌な顔一つせずに、「お～、よくこんなところまで来たな、ジャポネース（日本人）ところで……」という具合に雑談が始まり、「肝心の道は？」となることもしばしば。しかも、自信たっぷりに教えてくれるものだから、それが間違っているとは夢にも思わなかった。今はさすがに「この人、本当に分かっているのかな。さっき聞いた人とまったく正反対のことを言っているぞ」といぶかることも多くなったが、これればかりは事前に出来る限り調べてから出発した方がよさそうだ。

一方で、飛行機で行く場合にも移動の苦労は伴う。地方都市など公共機関が未発達なところでは、その送迎距離は半端ではない。ある日、日本からのお客さんをアテンドすることがあった。この時は空港からの移動距離は約300㎞。事前に調べてはいたが、いざ現実に300㎞という数字と目の前にある送迎車（総勢6名で2台）を前にすると、尻込みしてしまった。約3時間、どのように乗り合うかということも大切で、お客さんと日本語で話すチャンスでもあり、ミーティングの作戦を練れる機会でもある。往復600㎞は未知の世界だ。「もう1つ空港を作ってくれ！」と言いたくなるような距離。こうなると、約3時間、どのように乗り合うかということも大切で、お客さんと日本語で話すチャンスでもあり、ミーティングの作戦を練れる機会でもある。

送迎といってもさまざまだ。小さな会社などはオーナー自ら迎えに来ることも少なくないが、大きな会社ともなると、モトリスタという専属のドライバーを手配することがほとんどだ。ブラジルでは分業というか、仕事の役割が分かれているので、ドライバーは余計なことは言わない。気を利かせて面白い話もあまりしない。その時間が苦痛というか、ひとしきり挨拶や景気の話が済むと話すことがなくなってくるので、何ともいえない雰囲気になる。ドライバーは男性、我々もほとんどが男性なので、お互い気を遣うことは少ない。そしてやはり、男の性だろうか。世界共通だろうが、どうしても下ネタになる。情けないことに……ギラギラと乾いた大地で、高尚な話をしても仕方ないし、できない。男は各国共通、固そうな会社の、一見真面目そうに忠実に働くドライバーもそういう話になると生き生きとしてくる。「お前、少しは運転に集中しろ！」と言いたくなるくらい、話が止まらない。「しまった、こいつに振らなきゃよかった……」と後から反省するのだった。だが、考えてみると、階級社会であるブラジルではドライバーは会社からお客様や役員、社員を運ぶ役目を頂いているだけで、仕事上での会話の接点がなかなか少ない。そういう彼らにとって少しでも気持ちよく仕事をしてもらうには、彼らを大切に扱ってあげることは大事だし、また、いつどこで彼らが貴重で役に立つ情報をもたらしてくれるか分からない。情報は常に人を介してもたらされるので、ドライバーといっても無下には扱えないのだ。

すっぽかし—代理人の発想—

ある時、取引先との間にクレーム問題が発生した。過去2年にさかのぼるような大きなもので、私もその対応に追われた。日本のお客様とブラジルの供給元との間に入る我々は、丁寧に慎重に、言葉を選びながら対応していた。こういう時にただ1つ言えることは、証拠を積み上げて事実のみを伝えること。ゆえに、異国ではあるが言葉の問題はあまり感じないし、むしろ、メールでの言葉は単語を並べて文章を作るだけだ。それにしても、相手は相当強かだ。こういうピンチの時ほど、日本人（というか自分の）の交渉力のなさを実感する場面はない。説明をしても返事は来ないし、よく分からない出典元の資料を出してくることもあれば、事実無根のことを平気で言ってくる。子供の喧嘩のようで、呆れて「さすが」と思わざるを得ないような対応であるが、これこそが強かさであると思う。普段が明るく社交的なブラジル人からは想像できない。それでも辛抱強く交渉を進め、実際に日本からお客様がやってくる日も決まった。会議の段取りを完璧にして当日を迎えることになったのだが、この日、私は自分の耳を疑った。いや、人の常識をも疑った。この、今まで交渉をしていた供給元の社長が当日、休暇をとっていないではないか！「え〜」日本からお客さん到着しているし、日時まで決めたのに……。「参ったな。お客様にどう伝えようかな」と私は1人途方にくれていたが、さすが？はブラジル人。しっかりと交渉役の人を準備してあり、その人が我々との交渉にあたったのだ。巧妙で奇妙で、強かだ。

このように、途中で梯子を外されることはよくある。しかし何より驚いたのが、それを彼らはあまり悪いとは思っていないことだ。あたかも当然のように、面倒なことは避け、物事を有利に持っていく。まさしく彼らにとってはこれも交渉。私は思わずうなった。何でも自分の力だけで解決しようとはせず、そう、思い立ったら第三者にバトンタッチする。つまり、すぐに手放せる状態にある。いわばドタキャンであり、かつアウトソーシングだ。日本人の私には思いつかないし、苦手だ。ついつい、責任を感じて「自分でやらなきゃ」となり、ずるずると負け試合になることもある。そんな、私の苦悩をあざ笑うかのように、ブラジル人はさらっとペースを握る。参りました。

敬語、区別

我が社は日本人、日系ブラジル人、ブラジル人の同僚がいるようなモザイク会社。従業員を一括りにできないくらい、多種多様な人の集まりだ。日本人や日系人と働いたことのないブラジル人もたくさんいる。彼らは恐らく、日本人をどういう風に扱ったら、接したらよいのか分からないはず。ブラジルの中でさえ、北部、北東部、中央、南部とまったく性格が異なるので、異国から来た日本人に対してはなおさらだ。従業員同士の接し方に関して、人種ごとの決まったルールも特にないが、ブラジル人にも人を敬う気持ちはもちろんあり、「〜さん」と呼んでくれる。当初は、私のことをどう呼んでよいのか分からなかったのだが、そのうちに同僚の真似をして「さん」を付ければある程度の尊敬が入っていることに気がつく。真似でもとりあえず、それでよいみたいで、彼らの中にも変化が見て取れる。いったん、それが社内に浸透すると次には同僚間で教え合うようである。ポルトガル語にも「QUERIDA、SENHOR、CARO」などといった具合に敬語がある。我々日本人もそれ相応の呼称で呼んであげることが彼らの自尊心を満たし、社内の仕事もうまくいく。ある時、会社で雇っているドライバーが私のことをしばらくの間、苗字で呼んでいたのだ。私にとってはまったく気にならなかったのだが、ある日から突然「KONGOさん」に変わり、何だか妙に嬉しくなったのを思い出す。

また、こちらの人は苗字ではなく、名前で呼ぶ。メールや電話ではもちろん、ある程度、きちんとした場所でさえ、苗字で呼ばれても誰のことを言っているのか、本人以外は分からないことも。もちろん肩書きのある人には丁寧に呼ぶこともあるが、基本的には名前だ。これは是非、日本社会で通用させたらよいのに、と考えることがある。ビジネスといっても人対人。こういうところに人間関係を柔らかくするヒントがあるのかもしれない。

ところで、ブラジル人の中には会社という場に対する捉え方が我々日本人とは異なっているとたまに感じる。会話好きというか、人懐っこいというか、とにかく会えば社内であっても、何か話す。コーヒーメーカーの前でたむろしている姿をよく見かける。それは別に、女性同士だけではなく、男性同士でもだ。本当にお喋り好き。見ていると、また1人、その輪に加わっていく。何か特別なことを話しているわけでもなく、他愛のない話だ。しかしそこに私は壁を感じる。私の引っ込み思案な性格もあるだろうが、ちょっとしたフレーズ、雑談で使われる言葉は辞書にも載っていないし、習うこともない。また、それは「今、話すことなのか？」と、その意味を考えてしまう。もちろん彼らはそんなことを考えてはいない。コミュニケーションの1つであり、彼らにとってはあまりにも普通だ。思うに自戒を込めて言えば、壁はこちらが勝手に築いてしまっているのかもしれない。文化や言葉、性格の差異などが混じり合って、全体の差異になっているのではないだろうか。こちらが心を開けば相手も開く。心を開かなくても会社であるから生きてはいけるし、あまり彼らも表面上は気にしない。しかし、その差はどんどん広がっていく。

ある日、仕事のことで少しノイローゼ気味になり塞ぎ込んでいて、ついに我慢できなくなり悩みを打ち明けた同僚の1人から、「ナルシストにでもなったつもり？」と強い口調で言われ、一気に目が覚めた。これには驚いたが、これは、一緒にやってきた同僚からの心に対するノックと、表面上の付き合いしかしない、また心の底から気持ちを開いていない、私に対する警鐘だったのかもしれない。この、「叱咤激励」はとても嬉しかった。毎日毎日の繰り返しで、気がつかないうちにどんどん自分の殻に入り込んでいた。ブラジル人らしいおせっかいの気持ちで私は救われた。一概には言えないのだが、ブラジル人は表立ってはとてもうまくやる人達だ。彼らは明るく陽気で、分け隔てなくやっていく。ゆえに、彼らとうまくやることは可能であるが、それより深くは入ってこない。何事もこちらの態度1つで、驚くほど環境は変わっていく。

一方で、違う側面もある。ブラジル人は何よりも付き合い、ノリを大切にする。雑談、ちょっとした声掛け、肩を叩き合う、またはBEIJO（キス）やABRAÇO（抱擁）のようなコミュニケーション。本当に何も無いときに声を掛ける。いや、何も無いのではなく、彼らはコミュニケーションする機会を作る達人とも言える。廊下ですれ違うとき、ポンと肩を叩き合い「調子は良いか？」とたずねる。気持ちが入っているかといえば、分からないが、やはり彼らにとっては大切なことであり、息を吸うような、自然な感覚。私も慣れて来ると、それをやらずにはおれなくなり、また、相手は慣れており、それがないと何か寂しいな、という気にさえなる。一番驚いたのが、「あいつはランチも一緒に行かない」という風に言われているブラジル人を見て、こちらでは陰口もいじめもないと思っていたので、これには驚いた。いろいろな人が私の会社を去り、また入って来る中で、最近はそういうものがだんだんと見えてきた。転職が半ば、当たり前のこの国で、誰もが萎縮せずに新しい環境に馴染めるのも、こういったコミュニケーションの機会を作ってしまう彼らの才能が大いに助けになっているのかもしれない。

NOと言わない人達―契約までの出来事―

ブラジルで新しく供給元を見つけて、契約、購入、輸入、支払いまでの一連の仕事も実際に行った。私のように言葉が不得意で人見知りする者にとって、現代はインターネットやメールがあるので便利である。しかし、供給元が運良く見付かったとしても、そこからアポ取りまでが苦労する。現在は、ある程度の企業ともなればサイトにお問い合わせフォームのようなものがあり、直接コンタクトをとる手段が用意されている。しかし侮るなかれ、このフォームは見せかけであり、返事が来ることは滅多にない。かなりの企業にアタックしてきたが、当初は回り道をして時間を費やし、しまいには不快な気持ちになり結局は何も話が進まないということがよくあった。結局、うまくいくためのコツは正直に話すこと。嘘をついたり、誤魔化したりすると、後で余計に時間が掛かるだけだ。私はよく、「日本から来た日本人で、下手なポルトガル語でごめんなさい」と、自分の環境を武器にし、秘書と雑談をして気に入られることだ。難しいことはあまりない。短所を逆手に取るだけだ。それが逆に人と違う強みになる。この方法だと今までの経験上、ほぼ全員が話を聞いてくれ、目的の人に繋いでくれたり携帯まで教えてくれたりする。ブラジル人はお喋り好きな上に、聞き上手でもある。人の話を遮ることはせず、耳を傾ける。聞いていないのかな？と思うくらい、聞いてくれる。少しでも話しにくそうにすると、「DIGA!（話して！）」と言って電話越しながら背中を押してくれる。一介の事務のお姉さまが！　この電話での対応はほぼ例外がない。だからこそ、こちらが躊躇してモジモジしているのがあほらしくなるほど、スムーズに話が進む（少なくともこの段階までは）。一通り話し終えた後に、「じゃ、この件は××さんがいいわね」と取り次いでくれる。最初はいかにスムーズに気持ちよく、取り次いでもらえるか。そして自分を覚えてもらえるかである。

どこの世界でもそうだが、ブラジルではとにかくトップダウンが徹底している。だから最初のコンタクトは肝心である。どれだけ偉い人と話せるかによって、後々の仕事のスピードまで違ってくる。いくら担当者や秘書と話しても事は進まないし、時間を無駄にするだけ。よく言う、「前向きに検討します」、とか「良いと思うわ」、で終わってしまう。気をつけないといけないのは、前述したように、こちらではトップダウンが徹底していると言いながらも、一介の担当者が話をよく聞いてくれ、前向きな意見を言うことだ。彼らに調子を合わせていると、当初はずいぶん勘違いして、待てども返事が来ないこともあった。しかし、基本的には上からの指示を待つ人が多い。ましてや初めて取引する相手にはそこまではフォローしない。しっかりとトップを押さえ下を動かしてもらえば、驚くほどスムーズに進む。

ある日、日本のお客様からの依頼で何としても短期間で供給元を探さなくてはならなかった。こちらも必死だったので、電話しても切られないようにあらかじめ話したいことをリストアップし、一気に自己紹介と一緒に、ポルトガル語を棒読み状態。会話のキャッチボールは言葉が分かってこそ成り立つ。一番大切なことは、何がしたいか、だけ。グダグダと電話した理由を説明する必要はない。事実と思いだけで押し切る。それがファーストステップ。そこで連絡先をもらえれば合格！。ここまで来れば第1関門は突破である。

続いて第2関門だが、商品と値段と商流などを押さえなくてはいけない。一番引っかかるのが商流。いくらオープンマインドなブラジル人といっても、さすがに商流は押さえる。ブラジルには商社が日本から進出し、穀物資源、原料、それに食肉などを中心に買い付けているが、彼らのお客さんとのバッティングに気を遣っている。この確認が取れてようやく具体的なやりとりが始まるのだ。

次に細かな確認作業、一般的には担当者レベルのやりとりになるが、両国の性格の差、体質の差がモロに出てくる。日本は世界一管理、トレサビリティ、証拠、書類等にうるさい国であり、それは逆に日本製の素晴らしさ、プレミアをも表すが、それは表裏一体。いったん、日本人が海の外へ出れば、汚い言い方をすると、世界一うるさいお客ということになる。細かな書類や現地でも採用していないような事柄を細かく、日本サイドの基準で要求してくる。ブラジルでも対応できる会社はあるが、非常に稀であると考えた方が正しい。大抵は説明に困り、供給元に伝えるにも言葉を選ぶ。理由と共に、その要求を噛み砕いて説明する。ブラジル人はあまりＮＯと言わないので、対応できないときには「音沙汰なし」という結果も多い。わざわざ「それはどんなもの？」と聞き返してくる会社は非常に稀だ。当初はこういったやりとりのすべてに対応してしまい焦ってばかりいた。しかし、そこのギャップを埋めるために我々のような仲介業者がいるのだな、と気付いてからは、こちらで取捨選択してブラジル側に話を振り、また、日本側に返すようになった。「できないものはできない」、「ないものはない」。さすがにＩＳＯや有機食品は世界共通になってきたが、日々の管理体系はまだまだブラジル人は苦手だし、日本人の得意分野だと感じる。

しかしながら、こういった要求の多くは日本側の決まり（法律、条例、メーカー独自の基準）に基づいたもので、サイトにいくとほとんどといってよいくらい、日本語のみで英語すらない。このときに初めて、日本社会は日本で働く日本人のために作られているのだな、と実感、そしてがっかりする。国際化と叫ばれて久しいが、こういった、物理的にできるところから変えていけば、少しずつでも外国には理解されるだろう。手段はいくらでもあり、適切な手段を選べば、外界との接触はやってくる。反面教師となる例は枚挙に暇がない。ある日、こんなことがあった。日本政府が全面的にある商品の輸入を禁止したのだ。このように、実際に不可抗力な問題が起きたときには、例えばそれをどれだけ上手く説明しても、１人の人間の力なんていうのは何にもならない。しかし、一転して公式文書があれば、相手は恐ろしいくらい素直になる。それだけ権威ある機関の力は、お喋りで議論好きなブラジル人にも有効だ。しかし、その大切な威力絶大な公の機関が日本語だけで情報発信をしている。一体、世界の中で日本がどういう立場なのか、分かっているのだろうかと、疑問になる。日本移民がここブラジルで受け入れられて１０５年。彼らが築き上げてきた信頼があってこそ、日本人はブラジルで中国人、韓国人などと違い、ヨーロッパからの移民を差し置いて、一目置かれている。しかし、それと仕事とは別の話で、ビジネスの世界においてはすでに2歩も3歩も遅れ、我々邦人は日本から置き去りにされているような印象を拭えない。供給元からは「日本はこれだからハッキリしない……」と、まるでテレビで聞いたようなセリフを直に聞いているような、本当に心苦しくもどかしい。ブラジル人は表面的にはＯＫ、待ちますよ、などと気の良い返事をするが、心はどんどん我々から離れていっているのが、メールの返信の遅さ、電話に出ないなどの対応などで、次第に分かってくるのだ。

ブラジルで生きて

正解もないのがブラジルなのかな、と最近感じる。もちろん、人生は自分の意思でどうにでもなると思っている。しかし、日本の学校を出てレールの上を歩んできた私は、鹿児島県で就職したが、やがて首都圏や外国への転職を考え始め、最後にはブラジルの門を叩いていた。そのときの勢いとブラジルに対する憧れというのはなくなったが、反対に注力するべき方向が変わった。自分の進むべき方向を探し、その手段を考え、どうやって生きていくかだ。もはや、海外生活を味わったり、感傷に浸ったりしている場合でもなく、「お前は何をしたいのだ？　どうやって生きていくのだ？　どうやって妻を養うのだ？　一体どうしたいのだ？」と尋問に近いものをブラジル、そして日本からされているような気がする。自分ときちんと向き合って、１つずつ、真剣に進んでいくこと。これが一番の近道だ。ここでは好きなことはできるし、世間体があまりない。垣根も自分で作らなければ存在しない。こちらの人の多くは、誰が何をしていても、気にはかけるが気にしない。好きなものがあれば追いかける。日本で長年生活してきた私にとっては、道が示されていないことに対する不安はあるが、チャンスでもある。本当に、不安と期待が入り混じっている状態だ。それでもやっぱり最後は人だ。大切なのは人とのつながり。仕事だけに限らず、生きていくことは人と関わっていくということ。私は山に籠もって仙人になるつもりはないので、人との関係をこれからも、喜んだり、悲しんだり、怒ったり、嫌になったりしながら、ここブラジルで続けていくつもりだ。日本でも人と接するのが苦手だった私が、ブラジルに来てお喋りになったり付き合い上手になれたかどうか分からないが、これからももがき続けていきたいと思っている。

イタリアでの異文化コミュニケーション

大谷　正志（外資系総合化学会社事業企画部長）

私は30年近くアメリカの総合化学会社の日本支社に勤務し、この間アメリカとイタリアで5年半にわたって海外勤務を経験した。ここでは、イタリア（ミラノ）での2年間の生活とビジネス（他の日本人や東洋人がまったくいない職場環境）で体験した異文化コミュニケーションについて触れてみたい。

1．美しき世界都市ミラノ

「ミラノへ転勤」というと、ほとんどの方（日本人、外国人ともに）から、羨ましいと言われたものである。皆さんが咄嗟に思い浮かぶのは、美味しい料理・食材やワイン、奥深い歴史、サッカー、ファッションやブランド品、オペラ、洗練された美術など楽しそうなことばかりだからであろう。赴任前、私もイタリアへは出張で2度行ったことがあり、従事しているのが農業関係のビジネスなので、イタリア北部ののんびりした稲作地帯で、現地の人たちと愉快に仕事ができ、夜にはその場所特有の美味しいものを食べたり、ワインをご馳走になったりで、確かに楽しい経験が多かった。

ミラノは北部イタリアに位置する首都ローマに次ぐ第2位の大都市で、ロンバルディア州の州都でもある。人口は130万人程度であるが、近郊の都市を含めると430万人以上の人が住み、商工業、金融の中心地帯を形成している。また、歴史・美術やファッション、観光地としても有名であり、毎年多くの人々が訪れる美しい世界都市である。日本人居住者もミラノを中心に北イタリア地区では2千人以上いる。ミラノ出身の人たちをミラネーゼと呼び、イタリアでも洗練されたイメージがある。緯度では日本の稚内市とほぼ同じところに位置するが、アルプス山脈で寒気が遮断されるのか、最寒月の平均気温が5℃程度であり、比較的温暖である。夏でもクーラーがなくても過ごせる（一般家庭にはほとんどクーラーの設備がない）。ただ、秋から冬には朝晩、深い霧に包まれることが多く、どんよりした曇りの日が多い。だから北部イタリアの人々は夏をとても楽しみにしている。

ミラノの象徴ドゥオーモ（大聖堂）

2．イタリア転勤「ミラノへの長い道とイタリア文化の洗礼」

イタリアに転勤する前の3年半、アメリカ本社（東海岸のデラウェア州）に勤務し、ある意味、非常にビジネスライクでプラグマティズムに満ちた結果主義的な仕事の仕方を学ぶことができたことは、外資系の会社に籍を置く身としては、それはそれで貴重な体験であった（アメリカ式がすべて良いことだらけではなかったのだが……）。

イタリア赴任については1999年9月1日着任とアメリカ人の上司から言われており、これに合わせて7月に住まいを決め、8月の上旬にはミラノに移り、生活を慣らすための夏休みを取りながら、めでたく9月1日にはイタリア支社出社となる段取りであった（少なくともアメリカで日本人が考えた筋書きでは）。6月からは英語でイタリア語の個人レッスンも始まり、7月にはミラノに行き、アパートと娘の学校も決めてきた。現地では、英語の話せる海外赴任のコーディネーター（素敵な中年女性のミラネーゼ）を紹介してもらっていたので、3日間の滞在でほぼすべて必要なことは揃った（と思った）。

丁度アメリカで借りていた一戸建ての家は持ち主が6月末には売り払うことになっていたので、7月の1カ月は仮住まいのタウンハウスへ引っ越し、それに合わせてイタリア向けの荷造りも終了していた。後は就業ビザの発給を待つだけとなった。アメリカ本社の法務部の担当者が準備してくれた書類を7月の初めにはイタリアに送り、かのミラネーゼにすべてを託した。ところが、7月20日を過ぎても何の連絡もない。メールを出しても、電話もかけても返事がない。ようやく電話で連絡がついたのは、7月も終わろうとしていたときだった。彼女は、「書類発送はアメリカ系のF社に依頼し、追跡システムを利用して調査しているが、途中でわからなくなっている。アメリカのシカゴについたのは確かだが、その後は不明だ。私のできるすべてのことをやり尽したけど駄目だった」と言う。あのF社が書類をなくすことがあり得るのかと怪訝に思ったが、私の不信感をよそに、彼女は「貴方はかわいそうだ」とか、「今回の損害でF社を訴える」と熱く息巻いていたが、私にとっては、イタリアに行くビザが早く欲しいし、そうこうするうちにアメリカの就業ビザも切れてしまうのが最大の関心事であった。熱弁をふるう彼女を遮り、私の方から、どうするのかと聞くと、「仕方がないので、もう一度やり直しましょう」という返事が帰ってきた。さらに、「でもこれからイタリアはヴァカンツァ（夏期休暇）に入るから、あと1カ月はかかるわね」とあっさり言う。このとき、初めてイタリア人の「仕方がない」的な発想の転換、そして、彼らの一大イベントであるヴァカンツァの重大性を知ることになる。

仮住まいのタウンハウスは7月末で退去しなくてはならなくなり、アメリカの就業ビザも更新の必要がでてきた。

タウンハウスを出たものの、すでに夏休みに入っていて纏まった予約が取れないので、ホテルを転々とすることになる。家内は精神的に疲れてきている。喜んだのは娘で、ホテルにはプールがあるので、入れ替わり立ち替わり、友達が遊びに来て、毎日がパーティー気分である。こちらは本当にイタリアに行けるのかという不安が日ごとに大きくなる。ましてや、すでにあのヴァカンツァが始まった状態ではどうなるかわからない。7月の初めに送別会をやってもらったアメリカ人の同僚や日本人のコミュニティの方に、スーパーで出会うと「まだ行ってなかったの?」と聞かれて嫌になったものだ。

そして9月の初め、漸く、再提出した書類一式が戻ってきて、フィラデルフィアのイタリア領事館に申請に駆け込む。待つことさらに1週間。ビザの申請を受理したので出頭せよとの連絡を受け、再び領事館に行くと受付の女性が、「最後に領事が特別に質問をしたいことがあるようなので待っていて」とイタリアアクセントの英語で私にウインクしながら言う。しばらくすると奥から領事が、私と家族のパスポートを手にして出て来て、おもむろに言った。「最後の質問です。私の疑問を解決して欲しい。自分は日本食が大好きで、フィラデルフィアで何軒かの和食レストランに行っているが、あれは日本人の舌からして本物の和食と言えるか?」彼が挙げたレストランのうちの1つは知人の日本人シェフが経営する店だったので、「そうです。本物です」と答えた。すると彼は満面の笑みを浮かべて、「これで安心して和食を楽しむことができる。では、イタリアの生活を楽しんで来てください」と私にビザの発給されたパスポートを手渡してくれた。受付の女性や他の職員達が「ブラボー」とつぶやく。どんな質問をされるのかと結構緊張していたので、正直、力が抜けてへたり込みそうになった。彼らの食に対する拘りを直に感じた瞬間であった。我々は転々とした40日間のホテル生活を終え、些かのイタリア文化の洗礼を受けながらミラノへと出発した。

3．イタリアで働く

初日のこと（バールとカフェ）

勤務することになったイタリア支社は、ミラノの北側にあり、ちょうど反対側の南の郊外に借りたアパートからは、バスと地下鉄を乗り継いで1時間ぐらいの通勤距離だった。多少迷いながら、事務所に着くと上司（ギリシャ人）とミラネーゼの秘書が出迎えてくれた。挨拶もそこそこに、まず連れて行かれたのが、事務所の1階にあるバールであった。バールとはイタリアの主な街角には必ずあるといい立ち飲みスタイルの喫茶店（アルコールや軽食も出す）で、ここがイタリア人にとって大事なコミュニケーションの場所であった。上司から、カフェ（イタリアではエスプレッソコーヒー）を御馳走になる。バールの主人や知り合いの客と言葉を交わしながら、カフェを飲む。イタリアでの生活に慣れてくると、1日のうち、多いときは、朝一番、午前10時頃、昼食後、午後3時頃にバールに立ち寄る機会がある。仕事やプライベートで良いことがあったら、4時頃からスプマンテ（スパークリングワイン）を一杯ということもある。バールにいる時間は10分程度と短いが、大抵は何人かで連れ添って行き、毎日のようにちょっとした仕事や家族の話題で言葉を交わすことで、薄紙を重ねるように仕事仲間との信頼関係ができていく感じがした。

会社のバール（特別に日本酒を置いてくれた）
（筆者：左）

その日、上司とバールでは、転勤のエピソードや家族のことを話すこと15分程度で、再び事務所に帰る。私に用意された執務室は、8畳はあるかと思われる個室で、机とキャビネが1つずつ置いてあるだけで、実にシンプルである。上司から簡単な仕事関係の説明を受けた後、広い個室で、アメリカから送った書類箱の整理を始める。そうこうするうち、その日は、入れ替わり立ち替わり、仕事関係の人達が挨拶に来てくれて、計5回バールと執務室を往復することになった。バールに行き、カフェを御馳走し（または奢ってもらって）、一緒にぐいっと飲み干す、これは重要な儀式であり、なんだか日本の「固めの杯」に近い感さえあった。しかしながら、さすがに一日5杯もエスプレッソを飲んだ初日の夜はなかなか寝付けなかった。こうしてミラノでの仕事が始まった。

2．プロジェクトを始める（根回しの効用）

イタリアに着任して、上司からまず指示されたのは、イタリアを中心とした南欧、地中海地区でのトマトの農薬開発・上市プロジェクトのテコ入れをすることであった。アメリカ本社でプロジェクトマネジメントを学んだ私は、「我々はグローバルな会社なので、その手法や意向は共有できており、すぐにチームを組み発進できる」と信じていた。しかし、実際蓋を開けてみると、アメリカ本社仕様のプロジェクトシートはほとんど白紙状態で、まともに本社に報告されたことがない状況だった。これでは、プロジェクトが社内で認知されず、予算など付くはずがない。関係者に話を聞くと、アメリカのシステムは理解できないし、どうせ自分たちのことなんか聞いてくれないから、自分たちの好きなようにしているという一種の諦め（仕方ない）モードに陥っている。これはどうしたらよいものかと暫くいろいろ考えてみたが、あれこれ考えるよりも、とにかくメンバーの一人ひとりにプロジェクトをチームとして動かす重要性（効率）を説明して回り、同意と協力を取り付けるしかないと判断した。いわゆる日本の「根回し」である。それから約2カ月間は開発、製造、営業、業務、経理の関係者にそれぞれ会いに行き、プロジェクトの概要、如何にあなたの協力が必要か、これがイタリアのビジネスに取ってメリットになるかを説得することに費やした。そして、12月のクリスマス休暇に入る直前になんとか必要な情報と協力を得て、プロジェクトプランが完成し、20枚ほどのパワーポイントに纏めて、本社との電話会議によるプレゼンに臨んだ。アメリカ本社の反応は、南欧チームから初めてプロジェクトとして形になったものが提出されたという驚きが正直に伝わってきた。そして、あっけなく承認され、予算がついた。この本社の対応に驚いたのは、むしろイタリアの同僚達で、自分たちのプロジェクトが認知されたということを素直に喜んでくれた。そのまま、皆で階下のバールに行き、スプマンテで祝杯をあげた。赴任して3カ月が過ぎていた。これでようやく仕事が始まると思った。日本的なアプローチではあったが、「根回し」の効用には感謝した。

3. イタリア人と働くということ（「身内」になること）

手がけたプロジェクトがトマトの生産資材に関することだったので、まず主要市場のシシリー島に行くことになった。まずは、市場の把握とビジネス上のキーマンの訪問が必要と考え、現地の担当者のジョセッペと出張の段取りのため、連絡をとった。だが、詳細なことが決まらない。ただ、指定した日に、ミラノからシシリーのラグサ空港に飛んで来いという。指定された日の午前11時頃、空港のゲートでジョセッペは、満面の笑顔で、「ようこそ、Amico（友）」と迎えてくれた。例によってまずはバールに立ち寄り、シシリー特有の濃厚なカフェを飲み干して、まずは町の有力者らしき人（農業資材の問屋の経営者）のところへ挨拶に向かう。シシリーの田舎では日本人は珍しいらしく、憶えたてのイタリア語を使うと、とても喜んでもらえた。再びバールで有力者とカフェを飲み、タバコを一服。イタリア語での会話なので、雰囲気だけしか判らなかったが、何となく世間話をしている様子で、一段落したころで、「後で昼ご飯を御馳走するから自分のうちに来い」と言っているのは理解できた。その後、現地のトマト畑を見学し、例の有力者の家に着いたのは午後2時頃で、それから奥さんの手料理で歓待をうけた。初めてのシシリー料理で美味しかったが、白ワインを飲みながら、ここでも止め処もない話で終始した（ように聞こえた）。漸く「昼食」が終了したのが午後4時。それから、また日が暮れるまで現地の圃場巡りをして、ホテルに戻った。今後のことをディスカッションしようというと、続きは夕食をしながらでもということになったが、ジョセッペのペースで、シシリーの料理とワイン自慢で盛り上がり、結局、最初の出張はそれで終了した。まったくの顔見せ興行になってしまっていた。暫くして、またシシリーに来てくれと言われ、再び空港で彼と落ち合うと、今度は「ようこそCugino（従兄弟）」と声をかけてくれた。前回からは、メールや電話でやり取りもあり、少しずつプロジェクトも動き出していた。そして、いよいよ、プロジェクトも佳境に入ったところで、3回目のシシリーの訪問となる。同じように空港で彼に出迎えられたとき、今度は「ようこそFratello（兄弟）」と迎えてくれた。コミュニケーションの頻度が上がり、多少の衝突もありながらも仕事を一緒にやっているという意識からか、お互いのことが多角的に判ってくると、ジョセッペの中での私の認知度は、「友達」とは言え「他人」から、「身内」の「従兄弟」へ、そしてついには「兄弟」まで昇格していったのである。これは家族関係をとても大切にするイタリア人の考え方が反映されていると理解した。もちろん、「友人」から「兄弟」まで昇格するに

イタリアの「兄弟」

会議の休憩時間に会社の同僚達と

は、時間は多少かかり、信頼関係の構築が必須である。日本人と似ているが、もっと踏み込んだものが必要であり、一度築くと強固なもので、多少の無理も聞いてもらえるようになり、これは裏切らないように大切にしなければいけないと考えた。とくにシシリーの兄弟とは。

4. イタリア人の働き方・生き方

偏見とも思えるのが、「イタリア人は働かない」と一般にいわれていることだ。これ以外によく聞かれたのは、「イタリアでは昼食の後には昼寝（シエスタ）をするのか」であったが、もともとはスペインの習慣だが、少なくともミラノではシエスタはなかった。私のいた職場環境では、皆きっちり働いて、プライベートとの区別をしているという印象を受けた。朝は皆早くから出社していて、午前9時出社にしていた私はかなり遅い方であった。昼休みは正午から1時間だけで、この間に社員食堂で昼食を取り、バールでカフェを飲み、天気の良い日は事務所の周りをぐるりと皆で散歩する（ただおしゃべりしながらブラブラ歩くだけであるが、これも大事なコミュニケーションの場である）。そして、午後1時からは午後の仕事に戻り、午後6時前には「Ciao, a domani!（じゃあ、また明日）」とほとんどの社員が帰っていく。事務所自体も午後8時には完全に閉まってしまう。いつもギリギリまで残業しているのは、大抵、日本人の私かイギリスから転勤してきたフィリップだけであった。前もって決めた夕食の約束でもない限り、晩ご飯は家族と一緒に食べるのが当たり前とさっさと帰っていく。特別に終業時近くにバールでスプマンテを飲んでも1~2杯で終わりということが多い。米国労働省が調査した各国の勤労者1人当たりの年間労働時間の比較の取り纏めによると、２０１０年にイタリア人は年間１７７８時間働いており、これはドイツ人の１４１９時間より25％長く、フランス人の１４３９時間より23％長い。このデータでは日本人の年間労働時間は

1752時間、アメリカ人も1741時間となっている。データの取り方の違いがあるかもしれないが、イタリア全土（工業・農業地帯もすべて含む）で考えると、朝早くから働き、その日の仕事はきっちり片付けているというのが実態であり、南欧の人は怠惰だというのは風評のようだ。そんな働き者のイタリア人にとっての年間の最大の関心事は、ヴァカンツァである。6月も終わりになってくると、仲間内の会話にその年のヴァカンツァの過ごし方が、話題に上ってきて、一家の主としては、面子にかけて、このイベントを企画する。これは、夏を挟む仕事のやり方やコミュニケーションにも大きく影響してくる。会社も8月中旬の3週間は閉鎖となり、必要最低限の業務を除いて、機能は完全にとまる。街中のレストランや店も閉じてしまう。だからこの間に仕事で何かアクションやコミュニケーションが必要なことが起きても、迅速な対応または対応自体を期待してはいけない。それはすべて「仕方のないこと（Pazienza!）」になってしまう。これを理解していなかったことが、私が赴任前に就業ビザの発給で一苦労した点である。

最後に触れておきたいのが、イタリア人の生き方（＝陽気さ）である。日本でもおなじみのジローラモ氏はイタリア人の陽気さを以下の3点をあげている。

①　笑顔でみんなにハッピーを伝えているから明るい。
②　嫌いな仕事を〝好き〟に変えているから明るい。
③　良いところを認めるから明るい。

まったく同感である。最初の点については、ミラノの事務所にもイタリア人としても底抜けに陽気で、おしゃれなルーカという若手社員がその例にあたると思う。ミラノの事務所は真ん中の廊下を挟んで、執務室が一直線に並んでおり、彼は毎朝、駐車場からの西側のエレベータを上がって来ると、自分の部屋がある東側の端まで、事業部のほぼ全員の部屋の前を通ることになる。このルーカ君、毎朝、端から端まで必ず大きな声で一人ひとりに挨拶して通っていく（「昨日のインテルよかったね」とか、「今日の服は素敵だよ」という類いの内容）。また女性達とはハグすることもちゃっかりやっている。毎日の儀式ではあるが、ある意味、小まめである。最初は怪訝な感じがしたが、挨拶される側も慣れてくると、朝から毎日大きな陽気な声が聞こえてくることが何だか楽しくなってきたものである。

2番目の点については、意見の衝突の対処の仕方である。社内会議で最初に戸惑った点は、その議論の激しさであった。役職関係なく意見を自由に言い合い、やたらと「Secondo me（私の意見では・言わせてもらえば）」の前置きで議論が白熱する。相容れないとなるとやがて声が大きくなり、絶叫に近いものとなり、それでも否定されると頭を掻きむしるような仕草をして、この世の終わりのような顔をする。最終的には、その会議で一番上の職制の一言で決着することが多いのであるが、そんなときでも例の「仕方がない」思考が働くのか、クールダウンするとあっさり引き下がり、「じゃあ次どうする？」と切り替えが結構早いことに感心した。この、ある意味ポジティヴな思考が、嫌なことをそうでない方向へ転換するコツのようだ。

そして、イタリア人は褒め上手である。彼らの口からは頻繁にBravo!（素晴らしい）やChe bella!（綺麗）の讃辞がでてくる。会議で何か共感できるところがあると立ち上がって拍手する。コミュニケーションでも相手を褒める。これが陽気さを彩り、かつ褒められることでイタリア的な美が保たれる秘訣ではないかと思っている。

5. エピローグ

帰国して1年ほど経った頃、イタリア支社の秘書からメールが届いた。ただ「元気ですか。皆、あなたに会いたがっているよ」と書かれているだけで、1葉の写真ファイルが添えられていた。そこには懐かしいミラノ事務所の仲間達の顔があった。何かの会議かパーティーの後で撮ったと思われる全体写真だった。その時は何とも思わず、プリントアウトして机の中にしまっておいた。それから暫く、写真のことは忘れていたが、机の整理をしようとして、この写真をあらためて見て、初めて気がついた。皆が写っている後ろにスクリーンがあり、よく目を凝らしてみると、写真では薄くなっていたが、「Thank you, Otani」と映し出されている。それは、私がプロジェクト担当していた製品が登録認可され、上市記念のパーティーが行われたときの全体写真だったのだ。それが判ったとき、2年間イタリアで働いたことの充実感を味わうことができた。そして、私の方から「Grazie, tutti!（みんな、ありがとう）」と叫びたくなった。

アンデルセンはイタリアを旅したときに、故国への手紙として以下のように書き記した。

「イタリアは夢と美の国です。イタリアは描写することができません。じかにこの土地をみなければいけません。またこの空気をすってみなければいけません」。

「イタリア再発見」甕　滋（中央公論事業出版）より

私にとっては短い2年間ではあったが、イタリアに住んで、イタリアの空気を吸うことができ、素晴らしい人たちに出会えたことは、大変幸運なことであり、五感がフルに刺激された2年間であった。経済状態が悪くても、辛いことがあっても、陽気に人生を楽しみ、前向きに生きている人々。そして美しく、美味しい国イタリア。帰国して10年以上たった今でも、その体験は忘れがたいものである。

異国での文化やそれに基づくコミュニケーションは、言語だけでなく、自分の持っているバックグラウンドとは必ず「違う」ということに気付き、理解し、受け入れ、あるときは自分の持っているものを誠意をもってぶつけてみるということで、本当の意味での文化交流（クロスカルチャー）が生まれてくると実感している。

帰国後に送られてきた写真（スクリーンに Thank you, Otani!）

タイでの異文化コミュニケーション

小川　滋之（株式会社資生堂生産技術開発センター）

1. 訪れた都市の概要

微笑みの国のホスピタリティ

タイの首都バンコクは、古くはチャオプラヤ川*を大動脈とする水上交通で支えられていた都市であり、いたるところに水路が張り巡らされたその光景から「東洋のベニス」の別名で呼ばれたこともあった。現在でこそ様変わりしてしまったが、チャオプラヤ川から分岐する比較的幅のある主要な運河については現在でも残されており、そこでは通勤や日常の足として水上バスと呼ばれるボートが活躍している（船着き場があるショッピングモールもある）。バンコクはタイの人口（約6500万人）の約12%にあたる800万人強の人口を抱えている。タイの国民の9割以上が敬虔な仏教徒であるが、1週間もタイに滞在すれば自然と分かるほどに、実際にタイ人の日常生活には仏教が浸透している。

通勤にも使用される水上バス

余談であるが、チャオプラヤ川は、筆者が小学生だった頃にはメナム川と呼ばれていた。実は「メナム」とはタイ語で「川」という意味であり、タイ語教室であれば間違いなく初心者クラスで学ぶ言葉である。川の名前を日本語に訳す際に単純に誤ったものかと思われるが、よほどコミュニケーション能力のない日本人が地名を翻訳されたのではないかと想像する。

さて、タイの魅力といえば、プーケットやクラビに代表される南国リゾートでのスローライフ、アユタヤなどの歴史的観光遺産、そして世界3大スープとして名高いトムヤムクンを始めとするタイ料理などが挙げられる。これだけでも観光やバカンスを楽しむためには十分な要素が備わっているのだが、これらタイの価値をさらに高めているのが「微笑みの国」といわれるタイで出会うことができる、タイ人の素晴らしいホスピタリティ精神である。

異文化に接する日本人の姿勢

バンコクやその周辺地域には多くの日系企業が進出しており、バンコク在住の日本人は3万人以上に上る。このため、バンコクで生活するのに、もはや英語もタイ語も必要がないくらい日本人のための施設やサービスが整っている。日本人駐在員の中には、仕事はすべて通訳を介して日本語で行い、食事は毎食和食で済ませる、という方も珍しくない。このような方々を批判するわけではないが、筆者には海外での勤務や生活経験における醍醐味のほとんどを放棄しているように感じられ、本当に勿体ないと思う。

今回、「異文化コミュニケーション」や「グローバルマインド」について寄稿する機会をいただいたので、自身の経験に基づいた「微笑みの国」のホスピタリティ

年末にはオフィスに９名の僧侶を呼び、お布施を行う

精神に裏付けられた異文化コミュニケーションについて読者の皆さまにご紹介させていただきたい。

たかだか5年弱の海外での駐在経験による筆者のグローバルマインドはまだまだ発展途上であり、あくまで個人的な感覚に基づいて筆を進めさせていただいたため、限られた視点での参考情報程度に捉えていただければありがたい。脈絡のない話題が展開されることが想像されるが、最後までお読みいただければ幸いである。

2.　バンコク訪問の目的

当社のグローバルレベル

日系企業のグローバル化の推進、あるいはグローバル人材とは何か？　といった話題があちこちで語られるようになってから、もう随分と時間が経っていると感じる。筆者の勤めている化粧品メーカーも、代理店を通じた化粧品の販売を１９５７年に台湾で開始してから、すでに55年以上が経過しているし、筆者が入社した１９９０年前半には化粧品の製造もすでに中国や欧米で行っていた。

さまざまな国に拡がった化粧品販売事業は２０１３年4月現在、89カ国もの国や地域に及び、世界の製造拠点で生産された製品を世界中のお客さまにお届けできるまでになった。今後為替の変動はあるにせよ、あと5年もすれば当社の製品の海外売り上げ比率は日本のそれを逆転するであろう。

筆者が所属していた研究開発部門も販売や生産部門に遅ればせながら２００６年にグローバルな体制の整備を完了した（日本の拠点以外に欧州圏はフランス、米州圏はアメリカ、アジア圏は中国とタイにリサーチセンターを開設）。

当社のこのような状況をご存知の社外の方々は、「さぞかし御社にはグローバルな人材が豊富に在籍されているのでしょう」といったことをおっしゃるわけだが、当社の研究開発部門にグローバル人材が溢れているかといえば、決してそのような状況でない。むしろ、研究開発に従事する理系の社員自身は日本人との日常のコミュニケーションに自信がない方も多く、自ら海外勤務を希望する社員は少ない印象さえ受ける。

したがって、当社の中で、「異文化コミュニケーション」「グローバルマインド」という視点で、もっとも進んでいるのは、半世紀も前に海を渡って販売が開始され、海外現地のお客さまに受け入れられている当社の商品それ自身であると思う。当社の商品は日本オリジンということを強みとしながらも、海外でご使用いただくさまざまなお客さまと、使用感・香り・効果感などを介して言葉を超えたコミュニケーションに成功しているのだと思う。

タイ政府機関との共同研究

先述の通り当社は２００６年に日本を含めた世界五極に研究開発拠点を設置することとなった。このタイミングで筆者はタイに新設された東南アジアリサーチセンターの初代所長としてバンコクに赴任した。各研究拠点のミッションは、世界の全研究拠点共通のものと、各拠点の独自性を活かしたものの2つに分けられていた。共通のミッションとしては、各国や地域のお客さまの肌や髪の色、それらの状態の確認、化粧行動や入浴などを含む生活習慣全般を調査し、それぞれの地域のお客さまに最適な商品開発に結びつけることである。現在では、世界中のお客さまに関する多くの情報が蓄積されており、今後海外のさまざまな地域のお客さまにさらにご満足いただける商品開発に貢献できると考えられる。一方でタイに開設した東南アジアリサーチセンター独自の取組みは、すでに共同研究を開始していた現地の政府研究機関との連携を推進することであった。

この政府機関はＢＩＯＴＥＣ（National Center for Genetic Engineering and Biotechnology: タイ国立遺伝子・生物工学センター　http://www.biotec.or.th/）という研究施設であり、ＮＳＴＤＡ（National Science and

BIOTECの外観

タイの美容雑誌の化粧品広告に関する特徴について議論する筆者（右）

Technology Development Agency：タイ科学技術開発局 http://www.nstda.or.th/eng/）の下部組織にあたる。ＢＩＯＴＥＣは遺伝子・生化学系の研究を題材としてタイ国内外の企業との産官学連携を推進しながらタイへの経済貢献を目指す役割を持つ。当社はＢＩＯＴＥＣとともに、タイ固有の約１００種類のハーブ類の肌への効果を検証しながら、将来的には化粧品原料への応用を目指すという共同研究を行っていた。

　実は当社は過去にインドネシア産の植物に関する特許出願が原因で風評被害を受けた経験がある。当社の行為はバイオパイラシーであるとの風評によって、当時インドネシアでの当社製品の不買運動に繋がる寸前の状態になったため、法的にはまったく問題はなかったにもかかわらず当社の出願した関連特許のすべてを取り下げ、騒動を治めた。

　この経験から、タイにおいてタイハーブの研究を行う際には、現地の研究機関としっかりタッグを組んで研究を行うこととした。このような取組みを進めていくことで、タイ側にも当社の姿勢を理解していただくことができ、結果的にはこの共同研究で得られた成果をＮＳＴＤＡと当社の共同特許出願に結びつけることができた。タイハーブに関する研究成果を権利化することについては先述したインドネシアでの風評被害やそれに伴う特許取り下げという苦い経験があったため、タイでの特許出願については当社内でもさまざまな議論があった。しかし、風評被害が発生した後の火消し作業に力を注ぐのであれば、タイハーブの研究はタイの政府機関とタイの国民の利益に繋げるために取り組んでいる、という情報を積極的に公開することで、逆に風評被害を防ぐ効果も期待できると考え、ＮＳＴＤＡ／ＢＩＯＴＥＣとともに当社はタイで共同記者発表を行ったのである。結果的にはこれまでに風評被害はまったく発生していない。

いまだ低い知財・権利意識

さて、タイにリサーチセンターを開設したといっても、大きな建物を構えて数百人の研究員が研究を始めたわけではなかった。実際にはＢＩＯＴＥＣの建物内のレンタルオフィスを間借りし、赴任後しばらくは一人で活動を行った。ＢＩＯＴＥＣの建物がある敷地内では、毎週火曜日の朝から市場《いちば》が開かれる。ここではＴシャツなどの衣料品やタイ料理などに加えて、化粧品も販売されていたのだが、よく見るとタイの市場と呼ばれる場所では決して販売されるはずのない当社の製品が当たり前のように陳列され、50バーツ（日本円で約１５０円）程度で販売されている。これらは明らかに模倣品であり、これが日本であれば販売員は多少なりとも後ろめたさを見せるのが普通であるが、タイ人の売り子は「これは中国製ですよ」と親切にも教えてくれる。タイの模倣品マーケットでは、売り手も買い手も模倣品と分かって売買をしているのである。模倣される側のメーカーとしてこれはこれで大きな問題であるのだが、お客さまを欺いて高額な模倣品を売りつけるよりはまだ良心的ではある。

また、タイでは著作権や肖像権に対する意識もすこぶる低い。日本ではコンサート会場への入場時に持ち物チェックを受け、カメラや録音機器は持ち込み禁止となるのが普通であるが、タイ人の歌手のコンサートなどでは、カメラや携帯

タイの市場で販売されている中国製模倣メーキャップ化粧品

電話での動画撮影は日常茶飯事であるし、そうした行為に対してもなんら注意されることがない場合がほとんどであった。市場や街頭には違法コピーされたCDやDVDなどが1枚30バーツ（日本円で100円弱）程度で販売されていたものだ。

当社との共同特許出願作業を進めていただいたBIOTECにはしっかりした知財の担当者が在籍し、知識やスキルは申し分なかった。したがって、BIOTECという研究機関単体としての知財管理能力は非常に高いと感じた一方で、市場での模倣品の例があったり、医薬品や化粧品の製造・販売などの製造・販売許可を行うFDA（Food and Drug Administration: 食品・医薬品局）でさえ、敷地内の市場で化粧品の模倣品が販売されたりしていた事実もある。加えて、もともとタイ人にとっては口コミが重要な情報伝達手段であり、新しいもの好きな彼らにとっては、Facebookなどの SNSの普及も日本と比較にならないほど速かった（2010年時点でも周囲のタイ人社員のスマホ保有者のほとんどがFacebookに登録していた）。特許・商標や著作・肖像権などの意識が十分に醸成されない中でのこうしたコミュニケーションツールの進化は企業にとっては情報漏洩リスクにも繋がりかねない環境だと言え、これはタイにおける研究開発活動を推進する際に常に意識をしておくべきポイントである。

3. タイ人の気質とコミュニケーション

携帯電話の普及速度がなぜ速いのか

前のパートでも紹介したように、タイ人の日常のコミュニケーションの手段は口コミであり、携帯電話やSNSの普及もあいまって、国の末端までの情報の伝達速度は日本よりも明らかに速いのではないかと思う。また、タイでは、携帯電話の普及速度が固定電話の普及速度を上回ったことにより、地方の一般家庭では固定電話を見かけない代わりにほぼすべてのタイ人が携帯電話を保有している。こうした現象を見ると、まさに新興国を脱却しようとしている国の発展速度を実感するとともに、携帯電話を使っていつでもどこでも誰かと繋がっていたいというタイ人の寂しがりで非常にウェットな欲求が表れているような気がする。これがタイ人の「新しいもの好き」「自慢したがり」と相まって、情報の送り手の欲求（新しい情報を持っていて自慢したい）と受け手の欲求（何か新しい情報が早く欲しい）の需要供給バランスが理想的に一致する環境が整っているのではないかと推測する。

当時のタイ人の部下によれば、タイ人が「何か知りたい」「何かを相談したい」という場合には、取りたい情報・話したい内容によって、連絡する相手が違うとのことであった。例えば「美味しいタイ料理屋」の情報を持っている友人と、「iPhone5は買いかどうか？」を判断できる友人は異なる、といった具合である。このようなコミュニケーションを成立させるには、互いが情報提供側の役回りを担う必要があるようで、この部下は以前の職歴から「本の出版」に関する強みを持っていたようである。別のタイ人社員の事例では、「なぜカーナビを買いたいと思わないのか？」という質問に対して、「だってその辺の人に聞けば用が足りるでしょ」という返事であった。このように、「まず人を頼る」という部分に、タイ人のコミュニケーションに対する考え方を垣間見ることができる。

余談であるが、タイでは携帯電話の通話料金の方が携帯メールを送るよりも圧倒的に安い。また、バンコクの地下鉄やバス、ＢＴＳ（高架鉄道）などの公共交通機関では携帯電話の使用は特に制限されない。日本に帰国し、電車に乗った時に乗客が皆携帯電話でメールを黙々と打ち込んでいる光景が、筆者の目には大変異様なものに映ったことを覚えている。このような日本との状況の違いを見ると、タイ人の方が日本人よりもコミュニケーションの大切さを理解し、コミュニケーションスキルも高いように見えるのだが、気のせいだろうか。

勤勉な女性が一家を支える

先述したタイの共同研究先において、当社主催のシンポジウムを開催することになった。このシンポジウムは化粧品の最先端の技術をＢＩＯＴＥＣの研究員たちに紹介するというもので、当社の技術の先進性をＢＩＯＴＥＣの研究員の方々に認識いただくと同時に、当社の研究開発体制を紹介するという目的も含まれていたことから、当時の研究開発担当役員が自らＢＩＯＴＥＣでプレゼンテーションを行う運びとなった。使用する資料の内容を事前に確認しながら日本語の原稿をタイ語に訳す必要があったのだが、この役員としては、「当社の日本の研究所の女性研究員の割合は30％を超えます」という台詞を入れることで、ＢＩＯＴＥＣの研究員に「えっ、そんなに女性の割合が多いのか」と驚いてもらう予定だった。しかしながら、よくよく調べた結果、ＢＩＯＴＥＣの女性研究員の割合は70％を優に超えることが判明し、原稿の内容の見直しを行う羽目になった。実は当社との連携窓口となっていたＢＩＯＴＥＣの国際アライアンス推進担当の2名は両方女性であったし、そもそもＢＩＯＴＥＣの所長自体も女性であった（現在の所長も）。共同研究打合せのために当社の研究員がタイを幾度か訪問した際には「化粧品会社なのになぜいつも男性ばかりが来るのか？」と聞かれたこともあるくらい、タイの社会の常識からすると、日本企業の女性登用はまったく進んでいなかったのだ。

現在、日本政府あるいは当社内においても、組織内における女性の管理職比率を向上させる取組みを推進しているが、タイの場合にはわざわざ推進しなくても女性が活躍する風土が根付いているのである。この経験から、日本という枠組みの中だけで物事を考えることがいかに狭い価値観を生み出しているかを学ぶとともに、日本と比べればまだまだ経済発展の途上であるタイでは当たり前に実現できていること

通りでひたすら客を待つバイクタクシーの運転手

とが、なぜ日本では難しいのか、と感じるのである。

タイ社会での女性の活躍の裏返しかどうかは分からないが、バンコクに住む日本人は一般的にタイでは男性があまり働かず、その代わりに女性が一家の家計を支える、というイメージを持っている。筆者の個人的な経験の範囲では、タイ人の雇われ運転手などは確かに勤労意欲が少ない。その一方で、オフィスなどで勤務する男性の中には日本人感覚を持ち、しかも優秀な方も大勢いる。恐らくこれはタイ人の性別に関係した話ではなく、冒頭に述べたホスピタリティの意識が高い方の勤労意欲は総じて高く、その結果、我々日本人の痒いところに手が届く働き方ができるのだと思う。

筆者の秘書兼研究補助スタッフであった部下のタイ人（女性）はこちらが書類のスキャンとｐｄｆファイル化をお願いした際に、特段指示を出さなくともどのようなファイル名にするか、毎回必ず確認をしてくれた。これは日本人でもなかなかできない配慮であり、今でも筆者の心に刻まれている特筆すべきタイ人のホスピタリティの事例の一つである。

4. 異文化コミュニケーションと日本企業としての姿勢

グローバルマインドとは何か

以上、筆者のタイ駐在経験に基づいて脈絡のない話を書かせていただいた。そもそも企業のグローバル化とグローバル人材の育成には、正攻法など存在しないであろうし、グローバル化の定義も「企業の」「人材の」という枕詞がついた瞬間に非常に難しいものとなる。お題目として与えていただいた「グローバルマインドの構築」についても、それが企業活動であれ研究活動であれ、取組み開始前に「グローバルマインドが構築された」状態とはどのような状態なのか、その集団の中でできる限り明確にしておく必要がある。企業のように、海外のお客さまに心から受け容れられる商品やサービスに結びつけるためには、常にさまざまな現地のローカル情報を収集することに大きな意味があると考えるが、それは必ずしも「グローバルマインドが構築された」状態でなくても実現できると思う。むしろ、その実現を阻むものは、海外のローカルな情報を持つ海外駐在員と、日本で勤務する社員とが適切にコミュニケーションできておらず、互いを理解する姿勢がないことだと考えている。文字にすると大変簡単なことのようであるが、企業としての規模が大きくなればなるほど、国内外の日本人同士のコミュニケーションにおいて、以下のような状況にしばしば陥る。

① 日本にいる社員が、海外のローカル情報を吸い上げて海外製品やサービスを具現化するべき立場でありながら、現地の情報の中から都合の良い部分のみを活用しようとする

② 現地のローカル情報を提供しても日本側が聞く耳を持たないため、海外駐在員自身が現地の都合の良い情報だけを抽出して日本に提供するようになる

一般的に、海外のお客さまの琴線に触れる商品・サービスを開発するための「ツボ」は日本にいる日本人には理解が難しい場合が多い。例えばタイ人女性の髪の状態について、タイ語で「重さがある」とタイのお客さまがコメントした場合に、それが良い状態を表しているのか、悪い状態を表しているのか日本でタイ語の直訳を見ても判断できないであろうし、日頃タイで生活し、タイ人と接していなければ、タイ人女性の70％もの方が甘い香りのするベビーパウダーを毎日使っている事実も想像できないだろう（タイ語で「重さがある髪」とは、タイ人女性にとって理想の髪の１つである）。

日本側の社員と現地社員との狭間で、両者との最適なコミュニケーションを行い、決して日本の考え方に固執することなく、試行錯誤しながら最適なコミュニケーションへ修正していく努力や経験を積み重ねることで、世界中

のどの国でも通用するコミュニケーションスキルが身につくと信じている。

最後になるが、東日本大震災時に大きな被害を受けた当社の東北地方の販売会社に対し、現地のタイ人社員が誰が言い出すともなく被災地に向けたメッセージボードを作成し、現地に送付した。この事例のように、タイ人は我々日本人よりもウェットで感性に富み行動力に溢れ、そして我々日本人を身近に感じている。こうした気質がタイ人独特のホスピタリティを醸し出し、言葉でのコミュニケーションができなくても他者と心地よい関係を築くことができるのだと確信している。

東日本大震災による被災支社に対するメッセージボード

5年弱の滞在の間に得られたさまざまな経験は筆者に「異文化コミュニケーション」や「グローバルマインド」について考えさせるには深く十分な時間であり、今後もタイのローカルを少しだけ理解している立場の日本人として、広い視野に立った考え方やコミュニケーションスキルを身に付ける努力を継続していきたい。今回の寄稿でそれを再認識させていただいた次第である。

第3節　旅

旅はコミュニケーション

吉川　洋一

1. 旅の始まり

「君たちは何を求めて外国へ行くんだ？」

「多くの日本人は、外国に行って日本と違うところを探す。だが、本当に探すべきは日本との共通点、日本人と変わらない部分なんだ」。


大学に入学してすぐの頃、サークル（中南米研究会）の先輩から言われた言葉である。

その年の冬、台湾を20日間ひとりで旅した。今から45年前、私の旅の原点となった、初めての旅である。

戦後二十数年の台湾には日本語を話す人たちがたくさんいた。戦時中に日本の統治下で日本語教育を受けた人たちの世代が働き盛りだった時代である。列車内で出会った高雄の周さんや郭さん、郭さんの紹介で訪ねた花蓮の王さん。バイクで一緒に観光してくれたり、夕食をご馳走してくれたり、台湾一周した旅の中で、いろんな観光地よりも、その人たちに出会ったことがもっとも心に残り、目を瞑れば今でも鮮やかにそのときのことが蘇る。

この経験がこれ以降の私の旅のスタンスを決めたといって良い。

台湾から始まった海外旅行は、学生時代にタンザニアにサークル活動本部（学生海外移住連盟）からの1年間派遣を経て、韓国・タイ・メキシコ・グアテマラ・バングラディッシュ・インド・ソ連・スイスなど仕事の合間を縫って続いていった。

その中で、１９９７年のベトナム旅行が私の旅のターニングポイントとなった。その主な理由は２つある。往復の航空券だけを手に、３人でベトナムに入国、空港から乗ったタクシーで早速トラブル。白タクの運転手は、我々の指示するホテルには行かず、バックマージンを払う別のホテルに連れて行く。我々が拒否すると、車から荷物を出され、その場に放置されてしまった。自分たちがどこにいるのかも分からず、途方に暮れている我々に、ホテルへの道を教えてくれた親切な人々のお陰で、迷うことなく目的のホテルに着くことができた。

次のトラブルはホイアンのホテルで起こった。ホテル内のツーリストで、フエまでの車をチャーターすることにしたが、その際「フランスの新車45＄」と「中古車30＄」という選択肢があり、中古車しか見たことのなかった我々は、興味半分でフランス新車を選び、45＄支払った。だが、翌朝迎えに来たのは解体屋でも匙を投げるような超旧型カムリ。カッとなった我々は拙い英語と、まったく通じない日本語で悪態をついたりと、したたかな支配人との交渉は1時間あまりにも及んだ。だが彼ののらりくらりとした言い訳の末、差額の一部は返却されず、我々の完敗だった。

後で考えれば、この程度のトラブルはトラブルというほどのものではなく、それも含めて旅なのだと分かってくる。この旅の前までは、常に用心深く、決して騙されまい、騙しそうな人間には決して近づくまい、とどこかに薄い鎧を被って旅をしていた。それがターニングポイントといえる理由のひとつ。

フエでは、ハノイ行きの列車が出るまで、待ち時間が約5時間あった。フォン川沿いの公園で休憩している我々に子ども達が声をかけてきた。いつの間にかその様子を見ていた同グループの大人も加わって、英語あり、ベトナ

ベトナムはサパの町で地酒に誘われて、友人と一緒に彼らと飲むことに

ホーチミンのビアホイ屋で奢ってくれた酔っぱらい

ハノイの路上ビアホイ屋で仲良くなった若者たちと

ム語の辞書を引きだしての会話ありで、すっかり仲良くなった。

その時、その中の女性の一人が我々を家に招待したいと言い出した。今夜の列車でフエを発つことを告げると、本当に残念な顔をして、その気持ちの温かさにふれた我々も残念でならなかった。

日本人の旅行者がほとんどいないような時代、見知らぬ異国の人間に、これほどに親しく接してくれる人々に出会ったことで、私も友人たちも旅の虜になったといってよい。ベトナムで、さまざまなトラブルを差し引いても余りある、人々の好意や親身に接することができたのは本当に幸運だった。これが理由の2つめである。

それ以降、私は少々のトラブルを以前ほどには苦にしなくなり、その分好奇心を表に出して行動することができるようになった。そうなると、以前にも増して人々の好意や、そうでないものにまで、より多く接する機会ができて、ますます旅が好きになっていった。

2．格差や偏見、そして差別のようなもの

17年ほど前、中国は蘇州駅の広場にある植栽の煉瓦壁に背を預けて、ぼんやり座っている男の人を目にした。服はぼろぼろに汚れ、靴は穴が空いて裸足同然。その目には現実も未来も、いや過去さえも見えていないようだった。これが盲流（この表現は差別的というので今は民工という）の流れの果てに辿り着いた場所なのだろうか。その傍らを多くの人が行き交っている。一顧だにしないという言葉そのままに、誰一人視線をやることもなく通り過ぎる。その無関心は一体何なのだろう。差別さえも超えているような無関心に私はびっくりした。世の中に無関心で座り続ける人と、その人たちに無関心を決め込む人に、どう接すればよいのだろうかと、私はただ戸惑っていた。

マチュピチュの遺跡に至る九十九折りの道

5年前、世界一周中の飛行機内で不愉快なことがあった。私のチケットはビジネスクラスだったので、専用のトイレは前方にあり、カーテンで仕切られたエコノミークラスの人は使用できない。私がそのトイレに行くと、近くにいたキャビンアテンダントが「あなたはここのトイレは使えません。後方のトイレを使ってください」と命令口調で言う。ムッとした私が、「私はビジネスクラスの客だ」と言うと、チーフらしき女性が来て、しきりに謝った。確かに、Tシャツにカーゴパンツという出で立ちはビジネスクラスの客の服装ではないが、日本や欧州の航空会社では、客の服装だけで判断するような迂闊なことはしないだろう。この時の航空会社はロイヤルヨルダンだった。

ペルーのマチュピチュ村から、世界遺産のマチュピチュ遺跡まではシャトルバスが運行されていて、九十九折《つづら》りの道では常時どこかが補修されている。確かにあの急峻なところを通している道路は崩れやすそうだった。道路の補修はほとんどがスコップや鍬などの道具を使った手作業である。私の印象に強く残ったのは、一見のんびりとした作業風景よりも、そこに従事する人々が皆インディオ系の人たちだったことだ。

ペルーで目立つのは、インディオ系の男たちが、みすぼらしいくらい質素な出で立ちで、現場仕事の肉体労働に従事している。女性は籠を背に担ぎ、市場の路上で籠の中の収穫物を広げ、ささやかな商いをしている。そんな風景は日常的で、私はそのことが残念だった。

クスコで、インディオの民族衣装を纏った女性

マチュピチュの遺跡は、遙か昔にインディオの祖先が残したものである。今ペルーはそれらの遺跡で莫大な収益を上げている。しかし、インディオの末裔の大半は、その恩恵に与ることはなく、低所得に甘んじた生活を余儀なくされている。皮肉というには悲しい現実である。

中国の列車に乗ると分かるが、駅員から車掌まで、若干高圧的で、いささか不遜な態度の接客に遭う。日本の鉄道の駅員や車掌とは、接客対応にかなりの差がある。乗客は大事なお客様ではなく、乗せてやっているという感じだ。

飛行場や機内では、スタッフが乗客を見下したような態度を取ることはほとんどない。だが列車ではなぜこのような状況が生じるのか。これは私の想像だが、どこの国でも鉄道の料金は安く、そのため利用者に低所得層が多いことと関係があるようだ。駅員や車掌は、乗客は低所得層の人間で、丁寧な接客は必要ないという偏見を持っていないか。その偏見が時に高圧的に見える接客態度に繋がっているのだろう。

差別には、インドのカースト制度ほどではないにせよ、身体的差別、経済的差別、制度的差別、政治的差別などいろんな差別がある。どこの国にも、格差があり、人間が偏見を持つ生き物である以上、何らかの差別はある。旅をしていると、そのような状況を目にすることは多々あるし、自分が差別的待遇を受けることもたまにはある。下手をすると自分が差別する側になって、差別的感情や意識を持つこともある。

その国それぞれに格差があり、そこに住む人々それぞれに偏見や、差別観があって、旅行をしているとそんな状況を目にすることが少なくない。偏見や差別はもちろん異国であろうと許せないことである。しかし、私は旅人なのだ。できることは限られている。私にできることはそういった状況に無関心を決め込まないこと。いつかアクションを起こす機会があれば、その機会を逸しないこと。それを旅人としての自分の第一歩としたい。

２００３年だったか、中国は四川省の大地震があった。その時ネット上で、（日本人も含めて）心ない差別的書き込みが多くあった。同時期、ミャンマーで大規模なサイクロン被害があって、軍事政権による国家的差別に、国民の多くが苦しんでいた。

写真を撮っていたら、いつの間にかミャンマーの結婚式に参加させてもらった

四川省の被災者は、かつて私が蘇州駅前で見た、民工として出稼ぎにいかなければ生活できない境遇の人たちではないのか。ミャンマーの被災者は、旅人の私にこよなく優しく、親切に接してくれた人たちではないか。

人が不幸にいるとき、私達は決して礫《つぶて》を投げてはならない。旅をすれば必ずそこの国民と出会い、話し、親しくなる。自分が直に接した人達が、苦難の生を生きているとき、「負けないで」という自分の声が届くことを祈るしか私にはできないが、それさえもできなかったら私は旅を止めるだろう。

同じ国民ではないけれど、同じ人間として、国や文化の壁を超えて、苦難の生を生きている人に手を差し伸べるとき、その手を受けた人々もまた同じ人間として、別の苦難の人生を生きる人々に手を差し伸べるのではないか。その連鎖こそが、地球と人類の救いになるのではないか。

3. 中国に思う

中国とは、旅人として何かしら微妙な感覚を持ってしまう国である。

この微妙な感覚をなんと表現すればよいのだろう。頻繁に行っている東南アジアへの旅を計画をするときには、浮き立つような高揚感があるのだが、中国の旅を計画しているときは、どうしてもその高揚感が湧いてこない。旅には行きたい、だけど何か無条件に楽しめない。そんな感覚が抜けないのだ。

具体的な例をいくつか上げてみよう。

中国では、人がバスや列車を待つ列に並ばないといわれるが、正確には並んでいても割り込みが横行して、結果的に列にならない。バスの出入り口に「降車する人が降りてから乗りましょう」というプレートが貼ってある。日本人にすれば当たり前のことを、注意書きを貼って注意せざるを得ないのが実情である。雲南省の香格里拉という町で、何度か路線バスを利用したが、その度に、乗客は降車客が降りようとするのを押しのけて乗り込んで来る。

また、長距離バスに乗ると、休憩のためガソリンスタンドに停車し、そこのトイレを借りるのだが、乗客は一斉

飲み屋でロンジー*談義で仲良くなる
（*ロンジーはミャンマーの民族衣装）

にトイレに押しかけ、順番も何もあったものではない。ひどいのになると、モップを洗ったりする水槽に用を足すものもいて、掃除の行き届いたトイレはあっという間に無残な状態になる。

我々の感覚では信じられないような行動を目にするとき、付き合いきれないという、一種の疲労感のようなものを覚えてしまう。ＴＰＯも考えず、大声で喋って周りに迷惑をかけている認識がないとか、トイレが仕切りもドアもない大便所でも平気だったりとか、いろんな面で文化の違いといえばそれまでだが、多分何度行っても慣れることはないだろうという状況に、また出会うのかと思うと、旅の準備に高揚しないのだ。

しかし一方では、バスの中で賑やかに喋っている若者の集団が、大きなバックパックを担いだ我々に、さり気なく席を譲ってくれたりする。つい日本の若者と比べてしまう。

香格里拉に着いて、バスターミナルから旧市街まで路線バスで移動したときのこと。目当ての停留所で降りると、続いて降りた若い女性が英語で話しかけてきた。バスの中で、我々が中国人ではない旅行者だと気付き、何かサポートできないかと、自分が降りるはずの一つ前の停留所で、我々と一緒に降りてくれたのだ。

彼女に宿の場所を訊くと、彼女も分からなくて、携帯電話で知人に場所を確かめ、そのまま案内してくれた。彼女の後を着いて宿に着いたが、バストイレ付きの部屋がなかったので断った。すると彼女は嫌な顔も見せず、次の宿に案内してくれた。我々が部屋をチェックして了解すると、フロントの若い男性と交渉し、１泊１００元を８０元まで値切ってくれた。見も知らぬ我々のために、ここまでしてくれる人もいるのだ。

また、麗江の郊外に束河村という昔の風情を残した小さな村があって、そこを散策途中、村の人々が数人路地を入っていくのが見えた。我々も興味津々でついて行った。入口に「束河老人活動中心」という看板がある。入ってすぐ広場があり、右側の段上では、10卓ほどあるテーブルを囲んで多くの人が食事をしている。

1卓を20人前後の人が囲んで食事をしている。段下では、座って順番を待っている人や、甲斐甲斐しく働くボラ

この大御馳走に見も知らぬ日本人を招いてくれた

食事の注文に困惑している我々を助けてくれた女性たち

ンティアスタッフらしき人がいる。

その雰囲気に魅せられて、寛いでいる人に、拙い中国語で話しかけたり、ビデオや写真を撮っていたら、その場を仕切っている女性が、順番待ちしていた人たちと我々も一緒に、空いたテーブルに案内してくれた。

テーブルに着くと、前の人たちの食べ残しは、ボランティアらしきスタッフの手であっという間に片付けられ、新しく料理が、これもあっという間に運ばれた。それもビール付きである。10皿以上の大御馳走（この旅で一番の料理だった）で、しかも無料。その味もよく、大満足の昼食と相成った。

同じテーブルに着いた人たちは、生まれて初めて目にする日本人に怪訝そうだったが、「ハウチー（美味しい）」を連発する我々に話しかけたり、ニコニコと笑いかけて歓迎してくれた。

バスで席を譲ってくれた若者、わざわざ我々と同じバス停で降りて、宿を世話してくれた女性、見知らぬ日本人を村民と同じように歓待してくれた東河村の人々。他にもいくつも楽しく嬉しい出来事があって、また行ってみたい、というのもまた正直な気持ちなのだ。

中国を旅すると、人々との触れ合いはとても楽しいものになるという確信はある。だが一方では、日本人が持っている、たしなみのような感覚を、あまり感じることができない人々の振る舞いに接することが避けられず、そのことに旅心が躊躇してしまうのも事実で、旅心はやはり微妙に揺れ動くのである。

4. 旅はコミュニケーション

気候や風土、宗教や長い歴史によって形作られたその国の文化は、時には我々の理解の及ばぬものだったり、受け入れ難い言動だったりする。

旅は異なる文化と相対する行為である。向き合うという行為自体が異なる文化とのコミュニケーションであると私は思う。その国の人と接することなく旅をすることは不可能であり、人と接することで初めて見えるその国の文化もある。その触れ合いが日常と異なる新鮮さをもたらし、人は旅の虜になるのだ。

タイの小学生の校外授業中に日本の曲を一曲

私にとっての旅は、異なる文化とのコミュニケーションが目的であり、同時に異なる文化を理解する手段でもある。しかし異なる文化というのは、結局のところ表層でしかない。旅をして人と出会い、触れあえば、背負っている文化は異なっていても、人間という個人の部分では何ら変わらないのだということに気付く。

世界中どこでも、国家のあり方はさまざまであって、そのあり方に賛同できないとか、嫌悪感を持ったりとか、人それぞれの信条で、これまたさまざまな感想を持つのは仕方ない。しかし、国家のあり方がどうあろうと、そこに暮らす人々は、今の自分の日常とさして変わらない日常を送っていて、国家を抜きに接したとき、人間というのは結局のところ、良きにつけ悪しきにつけ、皆同じなのだという原点を旅の中で見る。

どの国の人間も、個人で相対したときには、我々と何ら変わらない人間である。

そう思って接していると、その人が背負っている文化の違いがよく見える。同時にその文化の違いを乗り越えることも決して難しくはない。とどのつまりは、文化の違いは、身に纏う衣装の違いのようなものなのだ。その程度のものだと割り切ればよい。私は旅を積み重ねることでそう思うようになった。

　それぞれの国で、それぞれの土地で、列車やバスの車窓からの風景は、それぞれの景色や息づかいを見せる。しかし、さまざまな車窓からの景色を見ながら、私はいつも同じ感慨を持つ。

「ああ、ここにも人が暮らしている」と。

ビルが林立する都会の中にも、人影まばらな草原や田園の風景の中にも、政治や宗教とは関わりなく、人は変わらず毎日の営みをしている。その姿は、どこの国でも同じで、その風景を見るたびに私は故郷の阿蘇を思い出すのだ。

　私は、もしかしたら、そのことを確認したくて旅に駆り立てられるのかもしれない。地球という空間の中でも、時代という時空の中でも、人は変わらず毎日の営みをしていくものだということを確認するために。

スコータイの社員慰労の場をのぞいたら、いつの間にか参加することに

チェンライの酒売り屋台の立ち飲みで人に勧められて（画面中央が筆者）

第4節　帰国子女

幼少期・青年期における異文化コミュニケーション

岡村智恵子（㈱資生堂リサーチセンター研究員）

1．イギリスの小さな村とドイツの小さな村

私が住んでいたChester-le-Streetは、イギリスの北東にある小さな村である。あと少しでスコットランド、でもイングランドにある村で、近くにはDurhamという城や大聖堂でちょっと有名な都市がある。その都市ですら、人口は約4万3千人（2001年）というのだから、私が住んでいた村は本来ならば、「日本人がめずらしー」となるはずであった。しかし、1980年代後半には近くの町に日本から自動車会社が進出しており、ヨーロッパの基点として工場や研究所をつくったため、関連企業などがこぞって進出、たまには日本人を見かけるようになった。私が通った現地の学校にも、5～6人は在籍していたように記憶している。イギリスで3年過ごした私は、今度はドイツに行った。日本に戻ったときに編入しやすいようにと、日本の高校の海外校に通うことにしたのだ。ドイツの田舎にあった全寮制（あまり

渡英したころのわたし

に田舎ゆえ、全寮制にするしかなかった）の高校。不審火を出そうものなら、「一家がつぶれる」と脅されるような、国が指定する記念物級の重要な建物が、校舎と寮だった。そんな建物を気軽に提供してくれるところにも文化の違いを感じつつ、高校3年生になって日本にある本校に戻るまで、2年の間をそこで過ごした。

2.「家族全員で」を合言葉に渡欧

１９８９年春、新中学1年生になるはずだった私は、イギリスにいた。直前までダンボールに囲まれ、卒業生父母代表の言葉を練習する母のそばで、言われるがまま荷物をつめていた私には、何もかもがめずらしかった。空港には黒髪の人はほとんど見当たらず、話している言葉も分からない、その中でいろいろと対応している父が頼もしかった。そもそも、なぜ私がイギリスに行くことになったかといえば、父の海外転勤である。我が家は私が唯一の子供だったこと、ちょうど小学校を卒業したタイミングだったこともあり、「家族全員で」を合言葉に、家族で渡英することになった。私には、行くかどうか選びようもなく、これからどうなるのか想像もつかなかった。現地の学校に入るようになったときの私の語学力は、ゼロ。挨拶だって、「Hello」が限界。それでも、現地の学校に入り、毎日逃げずに授業をうけ、父に協力してもらいつつ宿題をこなし、どうにか1年を過ごしたころには、だいぶ英語が聞き取れるようになった。さらに半年たったころには、人前で発表までできるようになっていた。そして2年ちょっとが過ぎたころ、また試練が訪れる。１９９１年夏、父がイギリス内

イギリスの一つ目の学校にて（筆者右端）。昼食がメインのイギリスで食堂のランチを食べ、夕食がメインの日本食を家庭で夕食にとっていたら、かなりふっくらになってしまった。

での転勤のため、転校することになったのだ。住まいは、イギリスの真ん中よりちょっと下、ベッドフォードという工業町の近くのやっぱり小さな村。そこでも現地の学校に通った私は、北東のなまりがないとほめられるくらいには英語ができるようになっていた。都会気質の彼らの距離に少し寂しさを感じつつも、それなりに仲良くなり、壁新聞をつくって、なんと、ほめられたりもした。

英語ができるようになっても、私には、そのままイギリスの大学にいく覚悟はなかった。しかし、日本の大学に行くとしても、父は来年にも帰国する可能性がある。実は、１９９２年時点のルールでは、日本の大学を受けるときに帰国子女枠が使えるのは、「海外に行く理由となった親と離れてから2年以内」、とあり、父が帰国してからもイギリスに残ってしまうと、2年を超え、日本の大学の受験が難しかったのである。しかし、できる限り一緒にと思った両親は、日本に戻らずヨーロッパにある日本の高校への進学を検討した。そのころヨーロッパには、イギリスに4校、フランスに1校、ドイツに1校、など10校近い日本の高校が進出していた。その中から、日本に帰っても通学可能、という視点で2校を選択し、受験。最終的に、ドイツにあった高校への進学を決めた。そして、１９９２年、15歳の春、海外にいながら親元から離れて暮らすことになる。

3. 異文化の中で過ごすということ

前述のとおり、イギリスに行ったときの私はほぼ日本語しか話せなかった。しかも、学校には日本人がいたものだから、よく学校でも日本語で話していた。ある日、日本語で会話しながら校内を歩いていると、「ここはイギリスなのだから英語で話しなさいよ！」と怒られた。日本でいえば、用務員さんのような、生活指導のおばさんたちに。ショックだった。日本では良い子といわれ、イギリスでは、英語がわからない自分は弱い立場だとどこかで思っていたから、余計に。英語もわからなくて当然だと、自分を許していた。その後、友達にもしかられ、日本人で固まり自分たちといない、と注意された。いったんは日本人にはないその厳しさに驚き、反感をいだいた私だったが、実はそれが彼らの優しさだと徐々にわかってきた。私がわからないといえば、ゆっくり話してくれた。でも、基本的にはみなと一緒に扱われた。ものすごい勢いの板書も、実験も、歴史の宿題だってみんなと同じだった。だから毎日ついていくのに必死だった。でも、思い起こすとおいていかれたことはなかったから、気を配ってくれていたし、それがイギリス流の受け入れ方だった。面倒を見てくれる人も特定の人はいず、自然と数人がいろいろと世話をやいてくれた。かまいすぎたり、甘くすると、私の代わりにだれかが「Chiekoのすきにさせなよ」といってくれた。1年たって自分が成長できたのは彼らのおかげであり、本当に感謝している。そしてその私を育ててくれた距離感は、今も自分の相手との距離感となっているように思う。

日本で算数が得意分野だった私は、イギリスでも、得意なほうだった。いま考えると、記号は万国共通だったことも、関係していたのだろう。しかし、算数に限らず、私のイギリスでの成績は悪くなかった。英語もわからないため、できたはずはない時期でも。おそらく、評価がふたつあったのではないだろうか。絶対評価と相対評価。努力点と実績点。なぜなら、本当にできる人へのチャンスの与え方はすごかったから。まずは彼らに補修授業をし、本当の授業では先生役をさせることもあった。イギリスでの全国算数テストでよい成績をとった私にも、そのチャンスは与えられた。読解と記号でいける試験に対し、英語で説明する必要のある先生役はものすごい負担だったが、つたない英語での授業を彼らは我慢してくれ、私の成長を助けてくれた。

「特別視しすぎない」。これは、日常でも同じだった。例えば、バレンタインデーのときは、困ったけれど、うれしかった。イギリスは（すくなくとも、私のいた学校では）赤い木の実を頭の上でふられたら、「キス」をする風習があった。もちろんホワイトデーはないから、きっとバレンタインデーでチョコをもらった人が次の日に「オッケーよ」と伝える儀式なのかもしれないが、日本人である私にとってみたら、心の準備が必要。それでも女性同士で、冗談のように行っていた赤い実の儀式を、私にもしてくれたことはなんだか本当の仲間みたいでうれしかった。友達とはお弁当のおかずを交換したりもした（日本の味がまずそうな時もあった）。恋愛の話や美容の話や、みな、日本の中学生と一緒だった。共感が友達の鍵となる日本に比べ、批判もされるし議論も好き。一瞬驚くが、そのさっぱりした文化になれてしまうと、とても楽になる。互いに理解しあうための時間が、私達にはいっぱいあった。

　帰宅後の時間で人間関係を築く練習もした。イギリス人は目があうと笑いあうという。が、行って分かったが、不機嫌なままの人もたくさんいる。言葉がわからないうえに不機嫌そうだととても怖くて……。そんな私がどうしたかというと、「笑顔にしたら勝ち選手権」を勝手に1人で開催していた。スーパーで会う人や関わる人を笑顔にしたら勝ち。そして得た常勝法は、笑顔でお礼と、丁寧に接すること。笑顔で丁寧に接すれば、日英問わず、笑顔になる。それも今の私に生きている。わからないとき、不安なときもプラスに、プラスに。

　その後、高校生活を過ごしたドイツは、子供が子供であることを意識させる国だった。高校生の私達にとっての娯楽が、小さな村にはほとんどなかったから、甘いものを食べに、よく喫茶店へいった。今から考えれば、親からの仕送りで生活していたのに贅沢だが、異国のお金の単位ということもあり、その喫茶店が日本円だといくらで、それは子供としてはどうか、などということを意識したことはなかった。さらに言い訳をすれば、そこにいた友人

ドイツのお祭りのパレード（2月）

お祭り（お面をみなかぶる）

すべて中学を海外ですごしていたため、おこづかいで暮らす生活をしておらず、知ろうとしていなかった。そんなある日、近隣からの文句が高校に来た。内容は「子供があんな高いものを頻繁に食べに来ているのは、いかがなものか」というもの。驚いた。その言葉は先生を通じ私達に伝えられ、以後お金に対する意識をあらため、その美味しい甘いものは時折買い、お部屋でたべるぜいたく品となった。ドイツはそのように地域全体で大人が「子供とは？」と意識し、教育していた。また夕刻以降は子供だけの外出が禁じられていた。しかし、唯一夜遅くまで出てもよい日がある。「フェスナット（夜祭）」の日で、魔女狩りのお祭りの日だった。冬の夜、特別な外出で食べるアイスは本当に美味しかった。もちろん、夜遅くまで出歩く悪い子もいただろうけれど、社会全体で大人と子供が明確に違うことをきちっと教えていた。

4. 海外経験が今の自分にあたえているもの

自己を形成する時期に経験したさまざまな事象や考え方は、今思えば私に多大な影響を与えてくれた。おてんばなりに人の目にすごく敏感で、いつも心がどきどきしていた女の子は、今では、いろいろな人がいて、みな一緒ではなく、自分が思うとおりでよい、と思える人間となった。そして子供を尊重しながらも、時には大人と子供は違うという不自由さの上にあるということを、自覚させたいと思っている。

近年、留学や親の転勤などで、日本でも幼少期・青年期に海外を経験した人がめずらしくなくなった。そこで、私ひとりの意見がどれほどスタンダードなのだろうか。不安にも思い、興味もあり、周囲にいる数名の海外経験者に話を聞いてみることにした（以下、敬称略）。

●対談者の紹介
日置裕美子（ひおき・ゆみこ）さん　東大大学院修士（農学）
山田真貴子（やまだ・まきこ）さん　北陸先端大学修士

岡村　今日はよろしくお願いします。まずは自己紹介をかね、海外経験の時期とその都市について教えてください。

山田　私は、高校2年生のとき、夏休みにカナダのトロントへ、そして大学3年生のときは同じく夏休みにカナダのバンクーバーへ留学しました。大学のときはファームステイだったので、午前中はお仕事を手伝い、午後は一緒に買い物やビデオをかりて家で映画をみたりしました。近隣の人と関わりが強い家だったので、毎晩のように皆で集まっては話したりお酒を楽しんだりしました。

岡村　山田さんは、初めての海外は、研修のような形だったのですよね。

山田　はい。高校2年生のときが初めてだったのですが、高校の海外研修でした。カナダでは、一緒にいった友人と学校に通いました。研修先は高校で指定されたのですが、カナダがとても好きになり、大学のときも同じカナダに行くことにしました。せめて場所は違うところ、と思い、西側にしました。大学のときは、1人で行ったのですが、両親に言ったら反対されるかも、と思い、すべて決めてから報告しました（笑）。

日置　私は山田さんとは違い、父の仕事の都合でしたので、場所の選択肢はまったくありませんでした。

岡村　日置さんは、アメリカでしたっけ？

日置　はい、小学校1年から4年まで、アメリカのイリノイ州にあるシカゴに住んでいました。Windy cityといわれるほど風が強くて、夏は暑く、冬はとてもとても雪が降ります。日本人も結構住んでおり、日本食料品店も何軒かありました。

岡村　日置さん、通っていたのは現地の学校ですか？

日置　いいえ、日本人学校です。現地の人との交流は、交流学習や習い事くらいでしょうか。あと、スーパーで買い物をするときくらいでした。いずれも、１人で行動するといったことではなく、大人が関わりつつだったように、思います。

岡村　海外と日本が違っていて驚いたことは、ありますか？

山田　いろいろありますが、文化の違いでいえば、海外では「家族全員で食卓を囲むこと」でしょうか？

日置　確かに、日本では遅く帰ってきて、夕食にはいなかったうちの父も、アメリカにいる間は一緒に食卓を囲んでいました！

岡村　日本では、お父さんが夕食の時にまだ帰ってきていないイメージがありましたよね。私が住んでいたイギリスでは、「仕事をしなくても離婚されないが、夕食をともにしないと離婚される」と聞いたこともあります。父の会社でもフレックス勤務にしたら、日本人全員が遅い時間にシフトするのに対し、イギリスではほとんどの人が朝早い時間にシフトしてしまい、仕事がまわらなくなったので、元に戻したとも聞きました。いま、自分が働いていても遅い方向にシフトする人がほとんどです。遅くまでいるのが働いていると感じる、日本の文化のようなものがあるのかもしれませんね。

山田　私の父も夜おそく帰ってきていたため、それまで、父とはほとんど夕食を一緒にとったことがなかったので、留学先がとても新鮮でした。

岡村　私は今結婚していますが、夫が食卓にいなくてもイギリスの妻のようには気にならないので、そこの考え方は日本的なのか、自分の親からの影響か、海外経験をしても変化がなさそうです（笑）。ところで、「言葉の壁」はいかがでしたか？

山田　留学時の私は、リスニングは問題なかったのですが、話すことはまだ不十分で……。それでも、伝えようという気持ちがあれば、ジェスチャーや絵、つたない言葉で伝わるものなんだな、と思いました。かぼちゃの件では大変でしたが——。

日置　かぼちゃ？

山田　日本の食事を振舞いたくて、かぼちゃの煮物のためのかぼちゃを探したんです。でも、Pumpkinじゃ伝わらなくて、季節はずれだといわれました。Squashなんですね。Pumpkinはハロウィンのかぼちゃ、だという。日本で学んだ英語が現地では伝わらない、やっぱり実際に経験してみることの大事さを感じました。

日置　確かに。季節といえば、私も経験したときが幼すぎて自己形成に何か影響を与えられているようには感じなかったのですが、よく考えてみると、日本の季節を感じる行事が大好きなんです。もしかすると、海外にいたことで、日本の文化を意識して、大事に思うのかもしれません。

山田　私も季節の行事、大好きです。

岡村　私も、好きです。季節の行事といえば、父がひな人形のうけが海外の人にいいものだから、イギリスで6月までしまわなかったんです。

日置　6月！　あまり長く出しておくと婚期がって言い伝え、ありますよね。お父様、わざとでは……。しかもジャマそうです。

岡村　イギリスの家は大きいですしね。でも結婚できたから、私も娘の雛人形の片付け、すこしさぼったりする（笑）。

山田　6月までは婚期に影響ないことが、証明されてますもんね。

岡村　祖父になった父には、怒られますが。ところで、最近思ったのは、雛人形を早くしまわせるのは、おそらく湿気のせいではないかと。湿気がないうちにしまいなさいってことかな、とか。イギリスは日本と違い湿気がなかったから、人形に影響がなかったのかもしれません。文化と気候、土地ってものすごく密接に関係しているんですよね。きっと。

ところで、日置さんは日本の文化を意識する、と、過去の海外経験の影響を述べてらっしゃいましたが、山田さんはどうですか？　ほかに何か影響うけましたか？

山田　人との接し方に、影響を受けた気がします。性別・年齢・人種に抵抗なく、接することができるようになりました。

岡村　なるほど、山田さんの誰とでも会話できる能力は、海外経験も関係しているのですね。最後に異文化コミュニケーションと聞いて思いうかぶ言葉を教えてください。

日置　自己の文化を形成する前に触れてしまったので、異文化と感じることもなかった気がします。面白いなあー程度だったような。

山田　私は、自己ができてからだったので、知らない世界を切り開ける場。世界が広がり、視野が広がり、楽しみが広がるものだと思います。

岡村　ありがとうございました。

座談会の様子（左から日置さん、岡村、山田さん）

私が渡英したのは、前述のとおり、中学に入るころ。それから、高校2年生までを海外で過ごした。ちょうど、2人の間の年代になる。自己や「日本人ならば……」を知るまえに海外を経験すると、異文化はそれほど「異」ではないのかもしれない。それでも、私達の根底には残っている、その貴重な経験からくる何かが。

個人的にいえば、私は幼少期・青年期に海外を経験できてよかった。すごした環境が良く、ラッキーだったこともあると思うけれど、人は一緒で違うんだと、良い意味であきらめ感を持ちつつ今いることを実感する。私にとって異文化コミュニケーションとは、自分の幅を広げること。自分をもっと知りたい私としては、今日も誰かとのコミュニケーションを求めている。

第2章

外国人からみた、日本における日本人との異文化コミュニケーション

日本で体験した異文化コミュニケーション

ティティ　レイ（茨城大学非常勤講師）

長谷川先生から日本で体験した異文化コミュニケーションというタイトルで原稿を依頼され、何を書こうかなあといろいろ考えました。１９８９年ミャンマーから日本に来た初期のことや社会人になってからのことなどいろいろ思い出して、昔書いた資料などを探したら12年前私が科学技術振興機構（ＪＳＴ）の特別研究員時代に科学技術ジャーナルで書いた原稿が見つかりました。「10年目あれこれ、頑張れ日本」というタイトルで、日本に来て10年目で感じたことを書いたことがありました。その中で言葉に関連することが書いてありました。

コミュニケーションの手段は、話す、書く、ジェスチャー、スキンシップなどさまざまです。なかでも一番基本的な手段は話すことだと思います。私は日本に来る前は母国語のミャンマー語と英語しか話せませんでしたが、日本に留学することで日本語を学ぶことになりました。漢字の無い国から来た人間は、かなり苦労しました。最初、日本語は漢字を覚えれば良いと思っていましたが漢字ばかりではなく、カタカナの数も多く、覚えるのが大変でした。日本語って、なぜ漢字、ひらがな、カタカナと3種類もの文字をミックスして構成しているのだろうか、と考えたことが何度もありました。

当時、私が所属する研究室の教授は理工系の先生でしたが、才能豊かで何でも知っている先生で、教えることが

東京大学生産技術研究所藤井研究室のメンバー
（前列右２番目が藤井陽一教授、その後ろが私）

大好きな方でした。もちろん、日本語も大学の日本語コースに通うのは時間がもったいないから自分が教えるからと言われ、毎日1時間ほど研究室で教えて頂きました。その時、私にとって一番苦手だったのは、言葉の最後に〝う〟を付けて伸ばすか伸ばさないかの区別でした。〝う〟が付いているか、いないかで漢字も意味も違っているので、早口の先生の発音を区別するのが難しく、苦労しました。日本人は当たり前のように発音するのですが、こっちが聞き慣れるまでは大変でした。しかし、そのとき一生懸命教えてくださった先生のおかげで早く日本語で論文を書けるようになり、日本人から「日本語が上手ですね」とか「発音がきれいで日本人よりきれいな日本語をしゃべっている」と褒められ、教えて頂いた先生に感謝しています。

ここで、当時お世話になった研究室のことを少し述べたいと思います。先生は非常に繊細で懐が深いというか物事をよく知る心の温かい先生でした。教授の部屋は別にあるのにほとんどご自分の部屋にはおられずいつも研究室におられました。研究室に多目的のテーブルとソファがあり、そこで皆でお茶を飲んだり会話したりしました。先生はいつもそのソファに座られ学生や助手の方と話したり、研究室のPCで仕事をしておられました。午後3時になると隣の研究室からも学生が集まってコーヒーを飲みながら研究内容から私生活までさまざまな話をしました。そのテーブルにはいつもお菓子が置いてあります。研究室に入った当初、私はいつ来てもお茶を飲むテーブルにお菓子があることを不思議に思っていました。後で分かったのはお茶を飲むテーブルにあるお菓子は先生を尋ねて来るお客さんが持ってきたり、社会人になった先輩が持ってきたり、先生の秘書が買って置いたりしたもののようです。また、週に2～3回は夜も研究室の真ん中のテーブルに皆が集まってちょっとした飲み会を開いたりしてとてもにぎやかな研究室でした。

当時日本に来たばかりで苦労も多かった私にも、自分の研究室のメンバーだけではなくお茶飲み場の他の研究室のメンバーがあたたかく助けてくれたことは今でも感謝しております。毎日このようなコミュニケーションの取り方は非常に効率的だと思います。普段からお茶を飲みながら雑談することは教授と学生の距離が近くなるだけではなく学生同士も研究室にいることを楽しく感じて学問に励むことができたと思います。当時の繋がりは20年以上の今でも続いています。先生は60歳で国立の大学を退官され、10年間私立大学に籍を移され一昨年退官されました。先生が退官される前、先生を元気付けようと先生のゆかりの会を毎年開催して先生が大好きなドイツのオペラバーでビールを飲みながら音楽を聴いて先生と一緒に楽しい時を過ごすことができました。第1回目から好評で今も毎年続いています。

ミャンマーでは大学に研究室の制度がないので個々の教授が研究室を持っていることだけでも新鮮ですが、このように大学環境でコミュニケーションの場がこのような形で存在することは私にとってはとても新鮮に感じました。

1. 言葉の表現や書くことに関する文化の違い

日本に来て言葉のコミュニケーションの重要さがよく分かるようになりました。特に来日の初期は思ったことが伝えきれなく誤解されたことや言葉の使い方次第で物事の解釈が違ったりすることがあることを身を持って実感しました。

それぞれの国の文化や民族の違いによることだと思いますが、物事に対する言葉の表現力、考え方も異なることが分かりました。特に日本は表現の豊富な国ではないかと思います。その典型例の一つが〝ありがとう〟という言葉です。日本では相手に対する敬意として誰にでも簡単に〝ありがとう〟と言います。例えば、親子の間、夫婦の間でも何かやってくれたら〝ありがとう〟と言います。日本に長く住んでいると私もその習慣になれ、ミャンマーの実家に里帰りする際ちょっとしたことでも〝ありがとう〟と言うと私の姉からいちいち〝ありがとう〟と言わなくて良いよ、家族だからと怒られました。姉からすると〝ありがとう〟と言ったことが他人のように感じたのでしょう。

また、身近なことで一つ例を挙げると、日本は年賀状を送る習慣があり私も日本に来た最初の年末に研究室の先輩が「日本は自分の先生やお世話になっている人に年賀状を送るのですよ！」と教えてくれました。それを聞いて私も毎年お世話になった方々に年賀状を送ります。ミャンマーでは日本のような年賀状を出す習慣がなく、新年にはどちらかといえば西洋に近いやり方でNew Cardを送ることや口頭で新年の言葉を交わすのが一般的です。日本のような職場関係、友人関係に1年間の自分の出来事や、思い至ったことなどを書いて送ることはありません。私が学生の時奨学金を貰って今でも会の世話役をしているのでそのことについてお話しいたします。日本に来て年月が浅い学生達は年賀状を出すことは日本の文化で重要であることをあまり実感しないので年末に忘れたりします。一方、奨学会会長を含め日本の役員の方々は皆高齢者が多く、自分達の孫のような学生達が送る年賀状を楽しみに待っておられるのです。一方、奨学生達はもともと年賀状を出す習慣がないことから忘れたりする場合があります。日本の常識からいえば奨学金を受けてお世話になっているのに年賀状一枚出さないのは大変失礼なことになるし、なかには怒られる役員もおられます。そのために先輩として、毎年後輩達に奨学会の会長をはじめとする役員の方々に年賀状を出すことを忘れないように毎回催促します。

2. 近代コミュニケーションツールのソーシャルネットワーク

先に世界で共通としてコミュニケーションの基本である書くことに関することを述べましたが、最近は情報通信技術の進歩によりソーシャルネットワークサービス（ＳＮＳ）という新しい概念のコミュニケーション手段が出てきました。１９９０年代にインターネットを利用するユーザーが友達のリストを管理し、自分と同じ価値観を持つ人を検索できるように作られたことから始まったのですが、今や現代人に無くてはならないコミュニケーション手段となっています。当初、ソーシャルネットワークサービスの目的は人と人とのコミュニケーションでしたが、今やビジネスのツールとして利用しさまざまなビジネスモデルが開発されています。ソーシャルネットワークサービスの代表的なものとしてＳｋｙｐｅとフェイスブックが挙げられます。Ｓｋｙｐｅはマイクロソフト社が提供するインターネット電話サービスで、インターネット環境があれば世界中どこにでも無料でチャットでき、ショートメッセージを送ることもできます。最近はＷＥＢカメラを登載してビデオチャットもできるようになり、家族や友人間のプライベートコミュニケーションにとどまらず、多くの企業や研究機関・大学等でも海外にいる相手とリアルタイムでビデオカンファレンスをやることが非常に多くなってきました。ビデオカンファレンスは、無料であるため企業にとっては経営面からのメリットも多いのです。同じように教育・研究面でも海外ネットワークが作られ、海外の教育現場や研究機関同士で気楽にコミュニケーションが取れるようになっています。代表的な例として、日本の小、中、高等学校の生徒達がアジアやアメリカの子供達とビデオチャットを通してお互いの文化を理解したり、言語を習ったりと親交を深めています。研究機関においても共同研究ではビデオカンファレンスで研究会を開くことや研究の進捗状況をリアルタイムで話せることはメリットが大きいと思います。私自身も母国にいる家族や友人、また、海外にいる友人とのコミュニケーションにはＳｋｙｐｅはなくてはならない存在になっています。国際電話ではお金がかかるので時間を気にしながら会話するのですが、Ｓｋｙｐｅだとゆっくり話すことができます。最近はスマートフォンにもＳｋｙｐｅが登載されるようになっているのでパソコンが無くてもスマートフォンでも無料で話せるようになってさらに便利になりました。

もう一つの代表的なソーシャルネットワークサービスの一つはフェイスブックで、今や世界中に８億人のユーザーを持つ世界最大のソーシャルネットワークサービス（ＳＮＳ）です。発祥地はアメリカで２００４年に当時ハーバード大学の学生だったマーク・ザッカーバークが大学の学生が交流を図るための「ザ・フェイスブック」というサービスを開始したことが始まりでした。当初は学生のみに限定されていましたが、２００９年以降は一般にも公開されました。公開から急速にユーザーが増え、今では世界中の人達の情報交換のコミュニケーション手段となっています。フェイスブックは電子メールとは違い、日常の身近な出来事を写真や音楽、メッセージを瞬時に簡単に乗せることができるし、それに対してコメントもできます。また、お互いに友達として承認されるとその人と関連する友達の情報も見ることができ、コミュニケーションの輪が広がります。しかも、それが世界中のどこからでも皆が見ることができるので非常に有効なコミュニケーションの手段となっています。

3．伝統的な異文化コミュニケーション

異文化コミュニケーションの観点から日本に来て文化の違いを感じたのは銭湯です。私は日本に来た当初、東京の足立区綾瀬の女子寮に住んでおりました。女子寮にはコインシャワーしかありませんが、暑い国から来た私はシャワーでも十分でした。隣の日本人の友人はというと毎日のように近くの銭湯に通っていました。ある日、彼女

と話したとき、最近なぜか夜眠れないことを話しました。そうしたら、彼女が「銭湯に行ってお風呂に入ると夜はよく眠れますよ！」と銭湯を勧められ一緒に行ってみないかと誘われました。それで、彼女に銭湯に行くとき持って行く物やマナーなどを教えてもらい私のパブリックバスーがデビューしました。初回はカルチャーショックを受けましたが、銭湯から戻ると体がぽかぽかで夜は眠れるようになりました。銭湯で他人同士がお互いに体を洗って上げたり、会話をしながらお風呂に入る風景はまさに古代人類のコミュニケーションの取り方に近いのかと思いました。

ミャンマーのコミュニケーションには少し特徴的な習慣があります。

ミャンマーでは仏教を信仰している人が多く、パゴダ、お寺、お坊さんは身近な存在で人々の生活に溶け込んでいるとも言えます。ミャンマーではお坊さんは正午過ぎると食べ物を口にしてはなりません。お坊さんは昼食を托鉢することが一般的です。早朝から托鉢に行くこともありますが、多くは朝食後の朝8時頃～10時頃までお寺の近くの家や市場、商店街に1軒1軒托鉢に回って行きます。各家やお店は自分達が用意できるもの（ご飯とおかず、お菓子、お金など何でもそなえられる物）を捧げます。多くのお坊さんの托鉢に関わることができればできる程この世で良い行いができ、来世も良いと考えられています。このように毎日お坊さんと地域住民の間に托鉢を通じて自然にコミュニケーションがとれて、日常の出来事から家族の状況、健康、地域情報がお坊さんと交わされます。このような光景と習慣はミャンマーの伝統の一つでもあります。

お坊さんの托鉢光景（左端でご飯を注ぐのは私）

4. 職業を通じたコミュニケーション

つくばの公的研究機関に在職したとき、私は、イオンビーム技術を利用した有機・無機材料の表面改質・機能化およびナノ粒子形態の制御やナノ構造の作製の研究グループの研究開発に特別研究員として関わった経験があります。グループは大電流イオンビームを利用して新ナノ材料の開発を行うためビームを出すことから評価まで大掛かりで、グループのメンバーも短期滞在研究者を含め10人程いました。無機・有機材料に金属ナノ粒子を埋め込む実験を私達は照射実験と呼びます。ナノ粒子を作製する照射実験は、メンバー全員が役割を順調に行って初めて実験が成功します。グループには私を含め4～5カ国のメンバーが存在し、まさに、インターナショナルでした。コミュニケーション手段は日本語と英語で、ミーティングでは日本語が話せる人は日本語で説明し、日本語が話せない人は英語で説明します。しかし、ディスカッションがディープになると日本語で話すこともあったりします。そのときは、英語の得意な室長が後で英語に通訳します。材料を作る際大電流イオンビームを照射するため、真空チャンバーの中に試料をセットすることになります。真空チャンバーには真空漏れがないように頑丈で重いステンレスの蓋が使用されています。チャンバー蓋に試料ホルダーやさまざまな計測部品が付けられているために試料を取り付ける際はかなり慎重に取りつける必要があります。また、真空チャンバーの開け閉めは真空環境を破ることになるため何時間も掛かり簡単に開け閉めできないのです。そのために、1回照射実験するときはビームを出す人、試料をセットする人、照射中その場で計測をする人、皆が慎重に慎重を重ねて実験を進める必要があります。なかでも、試料を取り付けてチャンバーを閉めたときは試料ホルダーをぶつからないように皆で言葉のコミュニケーションはもちろん、アイコンタクト等意思統一を感じながら皆国籍や言葉を超えて作業を進めます。研究者にとって大事なのは研究が好きかどうかで自分達の仕事に熱意があるかどうかであり、当時の照射実験は象徴的な異文化コミュニケーションであったのではないかと今改めて感じています。

5. 富士山頂上への登山を通したコミュニケーション

日本に来て20年以上になりますが、一昨年初めて富士山を登ることに成功しました。そのきっかけとなったのはノルウェーに住んでいる私の従兄弟の家族が日本に観光に来たときのことです。海外の人が日本へ観光に来たとき一番多く訪れるのは日本の象徴である富士山ではないでしょうか。従兄弟一家が日本に来る前から私に富士山が見える温泉と富士山に行きたいということが第1要望でした。実際日本へ来て富士山が見える河口湖温泉に一泊し、翌日富士山の5合目に行きました。5合目から頂上を見て頂上に登りたいと言われ、私は富士山を登るのには準備が必要だというと私に頂上まで登ったことがあるかと聞かれました。従兄弟一家は富士山に行くことは登山できるということだと思ったらしく、5合目までバスで行ってそこで記念写真を撮るだけでは満足できなかったようです。私は何度も富士山の5合目に行ったことはありますが、一度も頂上まで登ったことがなかったことに気づき、今年こそ富士山の頂上に登ろうと決め、お山仕舞い、ぎりぎりの土曜日に富士山登山ツアーの予約を取りました。当日は、ツアー客は私を含め18組で外国の若いカップルが1組以外は皆日本人でした。ガイドはベテランの中年男性と若い女性2人で新宿駅を朝8時30分出発の1泊2日の旅でした。皆初めての顔合わせで富士5合目に到着するまではあまり会話を交わすこともなかったのですが、富士吉田口5合目に到着して登山準備を始めてからは徐々にお互いの距離間が短くなってきました。スタート直後はとても穏やかな気持ちで周りの植物を観察したり風景を見たりと楽でした。しかし、6合目から段々早い組と遅い組に分かれてきました。私は遅れる組で休みを取って周りの景色を見ると自分はもうすでに雲の上でした。自然のスケールの大きさに励まされ6合目に到着しました。6合目からが大変で段々岩も多く途中何回も休みました。キツイ表情で休む私に先に行く同じツアーの人達から頑張ってと励まされました。キツイ表情で一生懸命岩を登っていると上にいる人達は頑張れ、もうすぐだと皆励まされます。ツアーでは登る最中に早い人と遅い人がいても休憩所で一度全員が揃うまで皆待って人数を確認して再スタートします。私の記憶では7合目から岩が多く一番きつかったです。おまけにトラブルが起きてしまい大変でした。登山靴が古いせいか底と足首を覆う間の糊が取れて隙間が出て思うように登れなくなったのです。最悪の事態にここでリタイア寸前でしたが、ガイドさんが私の重い荷物を持ってくれて、次の休憩場には靴が売られているのでそれまでゆっくり一緒に登りましょうと励まされました。また、ツアーのメンバー達も大丈夫、もう直ぐ休憩場だと皆応援してくれました。皆の激励の言葉とガイドさんの応援で7合目まで登ることができました。地上で買うより多少値段が高かったですが、サイズの合う登山靴も休憩所でありましたので、それを買って頑張って登山を続けることができました。この時点になると、ツアーメンバーはほとんど仲間になって顔も覚えるまでになりました。8合目まで登って小屋で宿泊です。宿泊といっても早朝零時に頂上めざして出発するので男女別れて小さな部屋に少し足を伸ばして休む程度でした。昼に比べ夜の登山は大変かと思いましたが、周りが真っ暗でヘッドライトを付けて人の列について行ったので思ったより楽に感じました。頂上までは無事に着いてそこからまた日本一高い場所剣ヶ峰まで行きました。そこから日の出を見る瞬間は感動と感激でこれまでの苦労が全部消えたような気持ちです。下山は問題なく、5合目に決まった時間内で集合することができました。

日本最高峰の剣ケ峰に立つ石碑。
日本一高い所にて、「ご来光」

私にとって、今回の富士登山は一生残る大変大きな出来事でした。

途中で靴の問題もあり、何回かリタイア寸前だったのが頂上まで登れたのは、まさにツアーのガイドさんとツアーメンバー達の優しさや励ます言葉やお互いに助けあう気持ちのお陰だったと思います。私の人生の中では、まさに、異文化コミュニケーションの素晴らしいところを実感させる一大イベントでした。

6. 奨学会を通したコミュニケーション

私が学生時代奨学金を貰った奨学会は毎年1泊2日の研修旅行があります。その奨学会は、大東亜戦争のとき兵士としてミャンマー（ビルマ）に行った方が帰還できたのはミャンマーの人の善意であると感謝し、日本とミャンマーがいつまでも仲良くするためには高度な技術や知識を身につけてミャンマー国発展の原動力になって頂くミャンマーの若者の教育を手伝いたいという趣旨で設立した会です。支給人員は毎年20名、支給額は1カ月4万円ですが、奨学金の金額よりも学生達の心のより所であったことが大きいと思います。奨学会の役員の方々は皆会長のご意思に賛同された戦友で、ビルマが第2の故郷でビルマ人が大好きな方々です。その奨学会で1年に一番楽しい行事は年に1回の研修旅行です。毎年1泊2日の旅行は奨学会の役員、現役の奨学生、奨学生OBが参加し関東近辺を観光し温泉旅館で1泊します。ミャンマーから来たばかりの学生にとって温泉は初めてという学生も多くカルチャーショックもありますが、先輩達が浴衣の着方から日本の文化でもある

今泉記念ビルマ奨学会の1泊2日の研修旅行
（前列右から5番目が私、2列右から6番目が今泉会長）

温泉のことを説明するとおそるおそる初体験した者が温泉の良さを段々分かって夜も朝も何回も入る人もいました。また、夜の宴会が大変にぎやかで、宴会が終わると皆で大部屋に集まりお酒を飲みながらゲームをしたり、80歳から20歳までの大家族のように楽しい時間を過ごすことができます。学生達も普段勉強やアルバイトなど苦労の多い日常生活から開放されて皆と仲良くなりました。奨学会に4月から新しく入ってまだ2か月あまりで会長を含め役員の方々と緊張があまり取れてないのがこの研修旅行の後は親と子、親と孫、仲間になってきます。このように国籍や言葉が異なっても心の絆が異文化コミュニケーションを成功させているのではないでしょうか。

7. スポーツを通したコミュニケーション

私は6年前、友人の誘いでテニスをはじめました。毎週日曜日に友人と一緒に友人が勤める研究所のテニスクラブで6～8名ほど集まりプレイするのですが、皆さん上手な方ばかりです。初心者の私に皆さん親切で熱心にいろいろ教えて下さるのです。しかし、日曜日の朝しかプレイできない私は一向に上手にならず皆に迷惑ばかりかけています。

皆で試合をすることが多いのですが、ジャンケン式でペアーを組んだり、勝ち負けでローテイションを組んだりするので常に違う相手と言葉を掛け合ったり、相手の動きを見て行動するなど常にコミュニケーションを取っています。また、試合の合間や休憩時日常の出来事から、教育、研究、政治、文化、スポーツといったさまざまなジャンルの雑談をすることで情報交換にもなり皆とより身近な存在になります。今はテニスが終わってからも何人か集まってお昼を一緒にすることも多いです。お陰様で今テニスは私の大好きなスポーツになり、テニスしている間は何にも考えずに一番楽しいひとときです。スポーツは世界共通のコミュニケーションの1つであり言葉や人種、宗教を超えて皆が楽しめるコミュニケーション手段です。

最後に、人間は人種・文化・言葉の壁を超えてコミュニケーションを取れる感性があると思います。日本では阿吽の呼吸という言葉があるように言葉で表せないですが、お互いに目でコミュニケーションを取ることや自然に心の通じ合いで助け合うことで物事が進むことがあります。このような場合は文化・言葉・人種を超えて世界共通のコミュニケーション手段になります。

海外経験からの恵み

謝　国斌（元神戸天然物化学社員）

1. はじめに

母国である中国で大学修士を獲得し、長い社会人としての経験を鍛錬してから、日本へ留学、そして仕事にとやってきました。

私が留学生活を過ごした岡山県は人口約１９０万人、面積は７０００㎢を有し、日本で中間規模の県として、降水量が全国で一番少なく、「晴れの国、岡山」という標語でアピールしている地域である。またここ岡山は、温暖な瀬戸内の気候を背景に、北の蒜山高原から、南の瀬戸内海まで広い面積を有し、ブドウや桃などの果物も美味しくて有名だ。そして日本でも一番地震が少ない地域としても知られている。

後楽園、岡山城、昔話の主人公の桃太郎の故郷、……いろいろ文化的な雰囲気の深い古跡があり、「桃太郎祭り」は毎年の岡山の夏を飾る賑やかな恒例行事である。その他にも、岡山は江戸時代の縮図と言われることがある。倉敷に伝統的建造物群保存地区と伝統美観保存地区があり、今でも、３００年前の歴史遺跡がたくさん残っている。倉川、柳、白壁からなる風景は、その時代の繁栄をたたえているようで、懐かしい思いを起こさせる。

日本に来る前に「郷に入っては郷に従え」と決心していたが、やはり初めは日本語があまり話せなかったし、劣等感もあって本当に当初の留学決意が間違っていなかったかなどと不安を抱きながら1年を過ごす事になった。

日本文化と中国文化も起源は同じ、両国の習慣もその民族の歴史的、文化的なそれぞれの背景がある。日本の文化生活習慣は、日本古来のもの、あるいは中国から伝わったもの、または欧米から伝わったもの、それらが日本で変化したものなど、歴史の流れの中で自民族の特色を形成したものである。

また各国の文化は、近現代工業経済発展の産業構造によっても大きく変化している。異なる国の文化は、時にはお互いに影響を与えながら、社会、人間の思想、行動も違うことになった。

中国の文化の下に育ち、中国で暮らしていたときには、日本と中国が「同じ東方文明で養成した民族だから、大丈夫であろう」と思って、その文化の違いに気付くことはあまりなかった。実際に日本に来て生活したら、想像の中の日本とはまったく違うと感じてきた。

当初は不思議なことや理解できないこともあり、不満や悩みも多かったが、外国人としての生活の中で、一番難しいのが周りの人とのコミュニケーションであった。異なる社会に慣れ親しむことは容易ではなく、悩むことも少なくない。特に留学生活のスタートだったのが大学の留学生会館であったため、全世界からのいろんな個性的な人が集まって、そこにはある意味異様で多彩な世界が形成されており、お互いの理解を深めるための長い旅路の始まりになったのだ。

倉敷美観地区（Wikipedia 資料写真）

1年ほど日本での生活をして、その不思議や悩みが徐々に薄れていく、そして生活も楽しくなってきた。当初、頭を下げながら電話する日本人の姿を見て、凄く不思議と思ったが、いつの間にか私も周りの日本人と同じように、挨拶する時には頭を下げるのが当たり前だと思うようになり、そして「すみません、どうもありがとうございます」といつも口にするようになった。1年後、初めて帰国し、友達に会ったとき、私は思わず、頭を下げて、「お久しぶりです」と挨拶した。その友達から、「1年ぐらいで、日本人になったよね」と冗談を言われた時は、悲しいか嬉しいかその気分は複雑だった。ここまで持ち帰ることが良いか悪いかは別にして、その環境に自分を変えられた気持ちだった。

6年間、1人での海外就学と就職奮闘は、あらゆる辛酸苦楽もなめ尽くしたが、異なる社会、文化、生活環境、その恩恵での人生のグローバル体験も積んできたと思える。

2. 留学時代

言語勉強

私は、一般的な留学生のように【日本語学校で日本語勉強→大学受験→大学→大学院】という流れとは違って、日本語学校には入らず、直接研究室に入って半年後、大学院の入学試験を受験しドクターコースに入った。最初、英語には自信があるが日本語が分からなくて、新しい環境にもなれていないこともあり、苦しみも寂しさもあった。まったく新しい環境で、研究室の方々がよく助けてくれたが、いろいろな不便を乗り越えないといけない状況だった。

まず、空港、ホテルで役立つぐらいの日本語を少し勉強しておいたが、入国検査の際に、入国審査の審査官からの質問が理解できなくて困った。その際、在留資格承認書の提示が必要だった。その承認書は少し分厚い紙で作ら

岡山大学の学位記伝達式（2004年春）

れたもので、中国の言葉では、書類に関するものは、普通は「紙」という言葉を使うのに対し、審査官は「カード」という言葉を使った。「どういうカードかな。パスポートはすでに提示したけど、まだ何かの忘れものがあったかな。どうしよう」と悩んだ。

大学での研究実験においては、研究室の基礎教育は日本語で行われ、なんとなく自分の中で理解はできるが、苦しかった。特に、月曜日から土曜日まで研究室にて毎朝30分間の「本読会」がある。自分が当番の日には、授業内容を20～30枚ほどの紙に書いてそのまま読むことしかできなかった。学生から、あるいは先生からの質問の意味が分からず、またどこまで読んだかさえも分からなくなり、困ったことは何度もあった。

特に、「日本語が分からなければ、日本の大学で博士号を取っても意味がないではないか」と後悔しかけた時は、辛かった。

その後、専門授業と研究実験以外に、大学の日本語教室を主として、日本語の勉強ができるチャンスをすべて利用し、努力していった。大学以外の日本人、日本社会とのコミュニケーションもその時から始まった。

日本語を勉強する時は漢字が大体分かるので、ある意味、欧米などの外国人よりは勉強する時の利点にも繋がるが、逆に先入観もあり不便なこともたくさんあった。

まず、1つの漢字でいくつかの発音や読みがあり、その発音により意味も違う。同じ漢字でいくつかの発音に分けて、発音より意味が同じであったり、違ったりするときもある。あと、自動詞と他動詞変形も、よく混乱した。ある日本語授業の時、「入る」と「入れる」を2つの別の言葉として理解できず、「私は、野菜を買って、冷蔵庫に入る」という文章を作った。この時は周りに笑われた。やはり頭に凝り固まっている理解があり、どうしても中国の理解で使いたい気持ちだった。後々振り返って見たら、実際に中国でも漢字が同じ発音なのに、使い方によって意味が違う言葉もよくある事だった。これは中国人以外の人達にとっては、もっと難しいことだろう。

聞き取り、および対話のトレーニングをするために、スーパー・マーケットの売り場を事前に調べておいて、その後知りたい商品の売り場を店員に尋ねる。日本のサービス業界は世界でも有名だと聞いたことがあるが、店に入ったら店員さんがなんでも熱心に教えてくれた。結局、同じ店に何度も繰り返し買い物に行き、その内その店の店員さんとも知り合いになった。そして日本のことをいろいろと教えてくれた。

家庭訪問

日中友好交流協会の活動として、日本の友人の家に一度訪問し、日本の家庭生活を楽しんだ。友人の家は、奥さんと子どもが２人、１５０㎡ほどの２フロアー、一戸建てだ。

中国の風習では、親戚や友人が訪ねて来た時は、自宅から50ｍぐらいのところまで迎えにいく。今回も、私たちが着いたら、友人の奥さんがすでに駐車場の外で待ってくださっている。中国からのお土産を差し上げた後、友人が家を案内してくれ、日本風間取りの家と、家庭の雰囲気をすっかり実感することができた。壁に掛けられていた書道作品を見たところ、日中の歴史文化の同源性も感じとれた。

美味しい日本料理も味わった。特に食前食後の挨拶では、日本の飲食文化を実感した。日本語の学習では、日本人は食事の前に「いただきます」、食後に「ご馳走さまでした」を言うのが習慣だと先生は説明した。私は疑問に思いながら、聞いていたが、その10歳ほどの子どもが丁寧に手を合わして、「いただきます」と言ってから食事をするのには、やや感動めいたものを覚えた。いくら親が食事を食べさせてくれることがあたり前だといっても、その挨拶言葉は親への感謝の気持ちの表れがあり、自分もしっかり成長していく気持ちの表れでもあると思うのである。

また、友人が中国の四川に何度か旅行に行ったことがあるということで、四川料理のことや、九寨溝《きゅうさいこう》、黄龍《こうりゅう》の四川の世界自然遺産の風景が話題に出始めると、ホッとした気分になった。特に、中国語の中でも四川の方言での「乾杯」という言葉の話題になった時には、異国他郷で半年間の孤独生活をしながらも、この地での故郷への親しみを感じた。

お蔭様で、約1年間の努力の結果、ある程度の日本語コミュニケーションができるようになり、いろいろな日本の習慣、文化、社会への理解もだんだんと深まり、以後の仕事、生活の役に立った。

瀬戸大橋

論文発表

2年生からは授業が順調に進むと共に、研究実験も成果が出始め、半年に1回の論文発表にも参加できるようになった。これが研究成果を全国、世界中の仲間とシェアーするための、長距離旅行、そして学術コミュニケーションを始めるきっかけとなった。

論文発表は、2年間ほどをかけて、広島、松江、京都、新潟で計4回発表会に参加した。母国でも、同じような発表会に何度か参加したことがあったが、そのやり方と雰囲気は日本とまったく違う。中国ではまず私服で行くことが多い。日本では先生から「スーツを着てネクタイをして発表会に参加しなさい」といわれた時、初めは非常に違和感があった。暑い季節では汗だくになったり、手荷物になったり、面倒なことも多々あるが、慣れてしまえばやはりスーツを着てネクタイをすれば、相手への尊重の意味も含めることになるし、コミュニケーションの時の緊張感も盛り上がると感じた。

論文発表参加で習得できた多くの経験は、社会人になってからの国際交流においても、自分の意識に大きな影響を及ぼしたと思う。

3. 社会人

私は、ドクターの学位を取った後、化学技術者としての道を選んだ。そして新しい環境での仕事と生活からも、豊富な体験を身に付けた。

職場

職場においても中国の習慣と違うところが多く、悩んだり、おかしくて笑ってしまったり、いろいろな経験を乗り越えることで、以後の社会活動を送る上ではグローバル化思想の形成に役立ったと思う。ここで、いくつかの印象深いシーンを記載する。

日本は、中国と同じく、礼儀正しい社会である。まず、敬語の使用が、会社の上下関係維持、業務遂行の保障であり、同時に社内での仲間関係の維持、対外関係に良好な印象を与える基本エチケットだと言われる。

敬語の使い方については、日本人でも完全には把握できていないところが多いと聞いた。外国人社員にとってはもっと難しいことだろう。日本語が幾ら流暢になっても、日本人社員よりは遥かに努力しなければならない。会社は上下関係、先輩後輩、年齢、性別などの関係により、細かい敬語の表現がある。異文化環境で育ったため、語学としていくら勉強しても、その社会に深く馴染めなければ理解できないところがでてくると思う。同じ時期の入社同士、「同期の桜」とはいえ、「親しき中にも礼儀あり」と言う伝統意識で、特に最初の時に挨拶から注意しなければ、周りと親交を深めていくことは難しくなる。

朝出社して、同僚と擦違った時に、私はいつも「おはようございます」と挨拶していたが、何時の間にか相手からは「おはよう」、「おはょ〜ざ〜す」、「お〜す」と言う声も聞かれるようになった。何を使ったらよいのかよく分からなかった。尊敬する気持ちを表して長く一本調子に、「おはようございます」と言うよりも、短くて簡単に「お〜す」と言った方が逆に親しみを感じるではないかと、やはり中国文化中心の思いに左右された時も多々あった。

ビジネス習慣においても、日本では初めて面会する際には必ず名刺交換をする。ただ、その国の文化、コミュニケーション習慣によって、交換の礼儀も違う。

中国にいた時には、中国の慣例での名刺交換であったため、日本で名刺交換をするようになっても、最初のうちは、いつも手を出して握手したい潜在意識があった。中国では、握手により相手への尊敬する気持ちを表す。日本では丁寧にお辞儀をしながら、「よろしくお願いします」と相手への尊敬を体で表す。また、名刺を相手に渡す時、自分の方に文字を向けながら渡すのに慣れてしまっていたが、日本では受け取った相手がすぐに読むことができるような向きで渡すのが正しい礼儀である。相手から名刺を貰う時も必ず両手で受け取り、後で話をするときに間違いがないように、会社名、名前、部署、肩書などの情報をよく確認しておく。逆に何も見ずにポケットに入れてしまうと失礼になる。

中国の経験上では、E-mail通信があまり普及していない時期からのビジネス習慣で、勤務時間外でも会社支給か個人持ちかは関係なく、携帯電話を使って仕事をすることが多く、携帯電話番号も名刺に印刷するのが当たり前のことだと思っていた。日本人の名刺にはほとんど携帯電話番号を印刷しているのを見かけない。やはり、日本人のビジネス原則として、仕事上の連絡は、会社のオフィスへ、あるいはE-mailで連絡するのが基本ではないかと思われた。もちろん、後で分かったことであるが、携帯電話の番号をおたがいに教えあうこともあり、必要と思ったら番号を教えてもらうように初対面でも頼むことも問題はなさそうだ。

名刺に載せている内容はそれぞれ違うが、名刺交換は個人情報を交換する意味だけではなく、会社情報、会社文化、会社理念もその場で相手に伝える意味も含まれると私は理解した。

計画

仕事をする前に、必ず詳細な部分までスケジュールや事前計画を立て、確認、調整をし、それに従って業務を実施するのが普通の日本の仕事習慣である。トラブルやイレギュラーが発生することにより、常にやりながら調整しなければならない時も多いが、実行者が指示書通りに行って、常に上司あるいは管理者へ報告する。中国人は「計画性」よりも「実行性」に重点を置いた習慣に慣れ、何か良いアイデアが浮かんでくれば、レスポンス優先で速やかに行う。大体の計画を作って、進みながらその計画調整、変更も行う。というのは、中国人の性格には「just do it」の成分が多いが、日本人の性格には、「just moment」の意味が多く入り込んでいるのではないかとの感覚だった。

どちらの方が絶対正しいと言うことではない。極端な発想に走らず、よくバランスを取って業務を組み立てていけば、一番効率的に進行できると思う。日本にも「案ずるより産むが易し」と言う諺があるし、中国も「三思而后行」（熟考の上実行

日本での生活記念写真（2005年、大晦日の日）

する、孔子の言葉）があるわけだ。

違う教育、文化背景で成長してきた民族の思考方式の違いがあるという事を認識すれば、異民族の同僚と一緒に仕事をする時に、お互いに理解し、尊重し、相手の長所を取り入れ、自分の短所を補い、業務もより効率的に進められる。ただそうしなければ、その相違により、時には摩擦を引き起しかねない。例えば、「日本人は無駄な仕事を多くし過ぎる」と言う中国人がいるように、中国を分からない日本人も、「中国人が無計画、無交流」という誤解が多い。

お土産

中国も、知人や親戚へのお土産やプレゼントを贈る習慣がある。サイズはできれば大きめに、包装もにぎやかなもので、喜びあるいはお祝いの気持ちを表すものを贈るという伝統がある。

日本では、どこかへ出かけた時には、帰る時にその地方の特色のあるお菓子などを買って帰り、知人に渡す習慣がある。あちらこちらの駅、空港には、お土産用の売り物がたくさんある。

一方、久しぶりに友人や知人を訪問する時、季節的なお土産を贈る習慣もある。日本人にとっては、おみやげの大きさ、箱の賑やかさは、あまり重要ではなく、小さくても、また箱が立派でなくても、相手にとって嬉しい中身であれば喜ばれると友人から教えてもらったが、「中身が良い」というのが、言葉は簡単だが人の好き嫌い、地方の風俗、習慣によって判断は非常に難しいことだろう。

西洋文明とは違って、東方文明で育てられた私たち、どの民族もお土産の習慣はあるが、その贈り物の伝え方は違う。こういう風習の違いを理解していかないと、お土産の意味にならないばかりか、余計なことになり相手に面倒をかけるかもしれない。

4. さいごに

21世紀に入ってきて、世界が発展してきて変わってきた。各国の文化にも自文化の歴史優位があるが、創新改革も力である。そして世界への繋がりも重要になってきた。異なる生活習慣、文化意識の下で教育された我々がどうすればお互いに理解でき、共に発展を遂げることができるか、今後の異文化コミュニケーションの課題であり目的でもあると思われる。

「異文化」とは、自分の文化と違う文化のことであり、簡単に「生活習慣が違う」だけでは理解できないと思う。人間は、どこの国でも子供の時から、自民族中心の感覚を持つように教育され、自民族の価値観、人生観により影響されてきた。

異文化環境での生活、コミュニケーションは、しばしば誤解や無理解により傷つけたり、傷つけられたりする時が必ずある。その原因は、お互いも自文化の目で周りをみて、それにより判断して考えたため、思考方式的な相違があることだ。日本人は、日本文化の一部として学習した思考方式を用いて、中国人は、中国文化の一部として学習した思考方式を用いることになる。

異文化コミュニケーションをする時に、相手側の価値観、相手側の文化を理解できなくても、相手の立場で考えて、積極的な態度でその異文化をありのままで認識しようとする態度で付き合っていかないと、その誤解が広がっていき、結局コミュニケーションにならなくなる。言葉や思考方式の相違で拒否感があれば、次は何もできない。我々は、自然個体として、ある民族の習慣、雰囲気を変える能力を持ってはいないし、実際に変える必要もない。もちろん、自民族の価値観、人生観、そして生活習慣が必ずしも悪いことではない。日本でも、中国でも、悪い人、時代に合わない習慣もあるし、良い人、良い習慣もある。あるいは、その習慣、その思想がその場では正しいが、環境や時代が変われば通用しなくなる場合も多いと思われる。

そのような問題が生じないようにするためにも、習慣の違いを理解しておくことは重要だと思う。一方、違いがあるからこそ、逆に付き合っていておもしろいとも言えるだろう。

そして、コミュニケーションで学んだ経験により、「粕は取り除き、精華を取り入れる」。その経験を洗練していけば、自分の生活、仕事の知恵になる。

なお、自分の生活環境にふさわしい文化を学ばなければ、より良い生活を送ることもおそらく難しいだろう。

私は、海外生活を経験して、こういう感想をもった。

異文化コミュニケーション
―2度目の留学―

高　栄（神戸天然物化学株式会社中国室）

はじめに

私は中国東北部遼寧省生まれの中国人です。

15年前自分の世界を広げようと日本への語学留学を選んだ私が得たものは語学だけではなく、たくさんの巡り合いからいろいろなことを学べたことだ。それは母国では触れることがなかった感性、発想、人生経験だった。そして、一期一会であろうが長い付き合いであろうが、その数々の思い出はすべて私の財産となった。助け舟を出してくれた友達や先輩、上司、同期たちにはもちろん感謝しているが、思い悩んだ（悩まされた）相手にも感謝している。なぜならば、みんなのおかげで私の人生が豊かになったからだ。

来日した当初、言葉も風習も分からず苦労した。日本語の習得や日本人の習慣や考え方を少しずつ理解するようになるにつれ、日本の文化が好きになって、日本での生活も楽しくなった。しかし、就職した後に右も左も分からず、ぶち当たった異文化におけるコミュニケーションの壁は予想以上に厚かった。それは留学時代よりも就職してからのほうが遥かに重みはあった。

1．日本企業に入社する経緯について

大航海時代に起源する新しい現象「グローバリゼーション」は近代ビジネスの主流モデルとなってきたおかげで、各国間の貿易が拡大すると共に科学技術、文化、法律などさまざまな交流も促進してきた。日中両国の間でも、１９７８年に結んだ「日中平和友好条約」をきっかけに貿易が始まり、あらゆる分野において交流がどんどん深まってきた。２０１２年日中間の貿易総額は29兆円にも上ったと政府から公表された。この莫大な貿易量を効率よく実行可能かつ成長させるために、技術の知識もあり、双方の意思も円滑に理解できる人間、いわば日中経済および文化を発展させるための懸け橋が不可欠である。

大阪市立大学在籍中、私は数回に渡ってアルバイトとして日本企業の中国語通訳を担当した経験があった。その時に1番の難関と感じたのは、技術専門用語ではなくお互いの文化構成、所謂価値観、習慣、仕事観など、多くの異なる部分である。例えば、「納期を守れるか」との質問に対して、仮に日中双方とも「できる」と回答するが、「滅私奉公主義」「家族より仕事」と馴染んできた日本人にとって、「できる」という約束は寝ず、食べずに守らなければならない。逆に、「現実主義」「家族第一」と常に念頭に置かれる中国人にとって、「できる」は「最善を尽くす」という意味で、無理な残業など家族と過ごす時間を犠牲にする行為は最善方法の対象外となる。このように、異文化交流する際、言語の表面的な意味ではなくその背景にある微妙なニュアンスまで理解しなければ大きい歪みを生じさせてしまう。それがないように一歩踏み込んだ質問をしなければならない。誤解を生まないように通訳するのは異文化コミュニケーションの意思伝達者としての役目と思い、一歩踏み込んで仕事をするように心がけてき

た。

通訳アルバイトの経験をきっかけに、異文化を持つ双方の意思を正確に伝えるためには、言語だけで対応しきれないと痛感した。言語以外の専門技術の磨き、または双方の習慣，主観的な考え方，言葉表現の技術，日常の行動パターンなど理解する必要があると認識し、大学院への進学をあきらめ、日本企業でのグローバル化修業を決意した。

2. 日本企業で出会った異文化の「葛藤」

表現の曖昧さ

仕事を介して異文化コミュニケーションにおいて一番戸惑いを感じたのは表現の曖昧さである。日本語は「相手発」の言語である。相手の気持ちを気遣い、相槌で相手の口調に合わせて、相手との心理的な距離を測りながら話を進める。極端な表現を避け、やや曖昧かつ婉曲な表現を使って話をする。相手との調和を重視するのが一般的である。

「なるほど」、「はい、そうですか」「そうですね」と言った相槌は典型的な表現

「～と思う」、「～っぽい」、「～って感じ」、「～と考えられる」、「～と言ってもいいでしょう」といった語尾を濁す表現。

「～ではないかと思います」などのはっきりと断定しないような表現。

「前例がない」と言った断り文言などなど……。

以上は言語上の曖昧表現だが、ほかには会話の態度に現れる曖昧さもある。例えば、はっきりとしている質問な

のに、「そうですね」あるいは「そうですか」で片づけられてしまう。極端に言えば、無言や微笑みだけで返答されておしまいと言うこともある。

Yes か No かをはっきり言わない曖昧表現の背景には「以心伝心」「お互いに察しあう」「思いやり」という文化がある。相手を困らせるような言動を取ってはいけないという道徳観がある。このような言語心理や曖昧さは日本文化の1つの美学だといわれるほどだ。日本人の言語心理や曖昧さが美学だと言われるが、外国人には通じにくいところがあり、時にはストレスの種となることもある。

英語圏でも中国語圏でも、社交の場では相手に対する丁寧さから「建前的な話」もするが、その一方で、自分の意見を披露する場面では、かなりはっきりと意見を言うのが普通である。本音を正直にズバっと言う人も、日本と比べた場合、率直な人として評価される傾向にある。

留学時代、友達になった時の「今度遊びに行こうね」は単なる挨拶、あるいは「友達になったよとの確認合図」くらいの意味で、実際は誰も誘っていないとも知らず、期待ばかりしていた。アルバイトを探す時によく言われた「またお知らせします」で、バカなほど翻弄された。9割お知らせをもらったことがない。「またお知らせます」「考えてみます」「検討します」などについては、日本人だったらすぐ否定の意味と読み取るのだろうが外国人の場合は説明してもらわないとわからない。期待と失望、困惑の繰り返しの中で少しずつ日本語の曖昧表現や建前と本音の違いは中国より桁違いの広範囲にわたることを理解しつつ、日本語の上達とともに、2年ほどで当時のコミュニケーションの壁をクリアした。しかし、就職した時に2度目の留学が来たと感じるようになった。

会社に入ってみたら、留学時代に遭遇した壁よりはるかに根深いものがあった。言い換えれば、留学時代に知った日本文化や身についた日本人とのコミュニケーション能力、判断力は一般的であくまでも基本中の基本だったということだ。留学時代に知り合った日本人は学校とアルバイト先がメインで、人間関係も利益関係も簡単で、あるのはアルバイト先で接客の仕方と言葉遣いが指摘されるぐらいだった。会社に入ったら、煙の立たない「戦争」や過激な意見交換を何度も経験した。会社での対人関係は顧客だけでなく社内にもさまざまな関係がある。縦には上司と部下、先輩と後輩、横には同僚、同期、その他部内、部署間などなど。近い人間の関係、遠い人間の関係。より複雑な人間関係や利害関係があり、語学力や経験も不足していた当時は戸惑うことが多かった。

言葉の壁――言語に伴う実感温度差――

外国語を勉強する前から、日本語は入門簡単だが、勉強すればするほど難しくなる言葉、英語は入門が難しいが、勉強すればするほど簡単になる言葉だと聞いたことがある。英語は下手でわからないが、日本語学習については振り返ってみると一理があるかもと今は思う。15年住んでも、日本語によるコミュニケーションにほぼ問題がないと思っていても、言葉に伴う実感が違うことがある。それは細かい適切な表現や感情のこもった説明ができていないと思う時に特に感じる。

例えば、「ヌード」という外来語を調べると「裸」との意味で辞書に載っている。しかし、ヌード写真、ヌード雑誌と言うが、裸雑誌だとは言わない。というのは、「裸」より「ヌード」のほうが客観的に説明できるからだ。日本人にとっては「ヌード」が外来語で、固有語の「裸」のように口《くち》にするだけで恥ずかしさを感じるわけだ。同様に、外国人にとっては日本語が外国語で日本人ほど実感できないし、細やかな感情表現もできないのだ。留学時代は簡単な意思疎通ができれば大喜びだったが、就職して一歩踏み込んだコミュニケーションを要求されて、２度目の留学の始まりだと感じた。

十人十色の「ほうれんそう」

社会人だったら誰もが知っている「ほうれんそう（報・連・相、報告・連絡・相談）」はそもそも高品質な製品づくりにおいて、品質管理の重要なコミュニケーション方法として提唱されていた。今となっては、日本企業内部での意思疎通の基本中の基本である。コミュニケーション能力の１つと評価されるほどだ。新入社員として必ずといって良いほど教えられる内容である。基本的な概念、ルール、行うポイントやタイミングなどは簡単に調べられる。しかし、実情としてマニュアルにできるのは簡単な「ほうれんそう」にすぎない。マニュアルにできない、教えられない「ほうれんそう」は数多く存在している。なぜこう思うかというと、就職して８年間に４つの部署に所属し上司が５人も変わって、身をもって感じたことだから。

組織は「人」の集まりだ。人の集まるところには規律がいくら厳密に作られても、人間性がついてくると思う。全自動化でも機械を動かすのも人である。マニュアルがあってもマニュアル自体を作るのも、守るのも人間である。しかし、人は「機械」ではない、人間は感情のある生体だ。機械のようにボタン１つですべて設計通りにいくわけがない。したがって、「ほうれんそう」も人間性に左右されている。

文化的な疲労と孤独感

日本に足を踏み入れたばかりの頃は、周囲のすべてに興味が湧き、好奇心が自然と強くなった。間もなくすると今度は、言葉の壁、価値観や考え方などの違いから悩まされたりもした。しかし、周囲の環境に対する理解が次第に深まるにつれ、適応できるようになり、孤独感が消え、日本の社会・文化生活の中に楽しさを感じるようになった。一方で就職してからは再び言葉の壁、価値観や考え方の違いに戸惑いを感じた。周りのサポートを借りながら、コミュニケーションにはさほど支障が出ていなかったが、留学当初の孤独感が蘇った。この孤独は無意識だった。

というのは言葉の壁があるが意思疎通に支障がないし、住環境になれたし、テレビから流れてくる言葉はわかるし、自分が孤独だとか疲れているとかは思わなかった。ある日、テレビに突然流れた中国語の音に気づいたとき、母国語の音は神経を使わず耳に入り、母国語なしの生活に疲れていたことを悟った。母国語を話すだけでストレス解消にもなるし外国語はいくら熟練しても母国語よりひと手間もふた手間もかかる。また、当時笑うツボが違うみたいとか、笑うタイミングが周りより遅れているとよく言われた。確かに日本語を話していて心の底から笑えたことがあまりないことに対して、同じ国の人に対しては1つ仕草だけで笑える。その仕草は中国の漫才に似ていたからだ。

言葉の壁、文化背景の違いの蓄積などで、対人関係の距離感と言葉遣いの尺度を把握するのが難しくて周りに溶け込む感覚が薄くなり、慢性的な精神疲労につながっていた。

3. 異文化コミュニケーション

時代潮流に応じる異文化交流の正しい思考

グローバル化が急ピッチに進むこの新しい時代、異なる文化圏に所属する異なる人種が遭遇する機会が連鎖するように増えている。言語、伝統文化、宗教、歴史、地理などさまざまな違いにより異なる文化と接触する際、「理解」、「尊重」「協和」などプラス思考をベースに異文化交流を推進する傾向がある反面、「不信」、「偏見」、「敵対」などマイナス思考をベースに異文化交流を排除する傾向もある。どの思考がメインに人々の脳を働かせるかは異文化情報の摂取量や摂取ルート、歴史問題に対する考え方、世界情勢などさまざまな要因によって左右されるが、いずれにしても、異文化交流を排除する選択肢は決して平和共存、互恵共栄の時代潮流に合わない。文化は技術とは異なり、優劣を競うものではなく、人間の営みの根幹に位置して個人のアイデンティティーの基礎となるものである。多様な文化との出会いは新たな発想、価値を生み出すチャンスであり、人や企業のグローバル化を加速させる重要な原動力となる。

異文化コミュニケーションにおいては偏見や思い込みを持たず正しく相手のことを理解するのが基本である。「異質的な文化」という通り、相手を理解しようと思うと、歴史と文化を理解しなければならない。相手の思考法やそれに裏付けられた行動は長い歴史の中ではぐくまれたモノであり、一見関係ないことのように見えて、実は深いところで繋がっていることも多々ある。それを理解するには、やはり歴史と文化の理解は必要といえる。相手国の歴史や文化を知ろうとせず、自分の思い込みで話すと、相手の反感を買ってコミュニケーションの妨げになる。

口にするのは簡単だが、これを実際異文化コミュニケーションにおいて実施することは難しい。なぜならば、誰もが正しいと思って話しているからだ。だからこそ、意識的に偏見や思い込みかどうかを慎重に選別しながらコミュニケーションを取ったほうが無難だ。「聴く耳」を持って異文化コミュニケーションを行えば、偏見と思い込みが少なくて済む。

異文化に悩まされ、文化的な孤独感やうつに襲われた時

私を含め多くの外国人社員にとって、職場の人間関係、仕事に対する考え方、価値観の相違などに悩んだあるいは悩んでいることは事実に違いない。いずれの課題も賢く対応できない、または放棄すると、周辺に相当な迷惑をかけると同時に、自身も大きいストレスを抱えたり、人間不信になったり、仕事のモチベーションが低下したりするなど苦しい状況に陥る。これらの課題に直面する際、消極的な態度を持たず、積極的にさまざまな努力をして課題を克服しようとチャレンジする必要がある。

執念は人間の最強武器とも言われ、環境要因や人的要因に影響を受けても揺らぐことのないものである。異文化に悩まされて無力を感じるとき、「何のために愛する家族や故郷を離れて異国の日本に来たのか」、「負けてたまるものか」まず執念で対抗する。

また、多くの外国人が企業に入れば、周りに日本人ばかり、母国の人や文化に触れる機会が少ないために欲求不満になる。そこで母国の文化や懐かしい食べ物に触れることはストレスの発散になる。当時の私はよく南京町で揚げパンを買って帰ったものだ。あと、定期的な帰国以外にやってよかったことは中国に興味がある日本人と日本在住の中国人と一緒に山登りをしたり、中国をよく知っている通訳学校の古い友達と会ったりすることだった。母国のことで共感できる友人と一緒に過ごすことで精神的にリラックスできる。また、一時帰国で精神的な疲労を取り除くこともできる。

コミュニケーションで理解できないことがあれば、経験のある人や客観的にアドバイスできる人に尋ねるのが非常に大事だ。1人で考え込んでも解決しないし、変に誤解してしまうこともあるからだ。人を誤解するのも辛いことで、健康な精神状態を保つのが容易ではなくなる。

異文化交流に必要な心構え　―入郷随俗―

異文化交流を理解するための心構えとしてまず頭に浮かぶものは「入郷随俗」（日本の諺に言い換えると「郷に入っては郷に従え」の意味）という言葉である。私も入社当初、この言葉を真理として心に刻んで行動しようと決めていたが、実際に実行していくことはかなり容易なことではないと認識し始めた。「郷」の何に従うか、どうやって従うかを中途半端に解釈した私は、失敗を連発し、悔しくて仕方がなかった。「一生懸命従ったのに、なぜ受け入れてもらえないんだ」と理解に苦しんだ。なぜならば、私が考えていた「郷」に入って従うという行動パターンは留学時代に体験した思いのままであったが、日本の職場の「郷」と留学時代の「郷」は異なっていて、職場の「郷」の定義のほうが遥かに広く、従う行動パターンもさまざまな暗黙のルールによって規制されていた。単純に言うと、人間関係も責任の重みも簡単だった留学時代に蓄積してきた知識や感性が職場では通じない部分が多かった。例えば留学時代、1つの学問をめぐって先生と意見交換を行う際、考えや発想を多く発言するほど積極的にコミュニケーションができる人間だと良い評価をもらえる。しかし、職場で場所を選ばず、タイミングや空気を読まず、自由に考えや発想を発言していくと、不満と捉えられたり、違う意味に誤解されたりなど予期せぬ事態を招く恐れがある。建設性のある提案でも、まず考え方・発想の根拠や具体的な計画・対策が上司から求められる。それがないと上司を納得させられないし、逆に怒られる場合もある。口数が少なく寡黙である日本人同僚は多様な考え方やすばらしい発想を持っていないわけではない。「沈黙は金」「能ある鷹は爪を隠す」に馴染んできた日本人は、「世の習い」を重視するとともに、その場の背景・雰囲気などの状況を考慮しながら発言することが多い。社会的常識や状況とは無関係に個人としての原理原則を強く主張しない。自己主張を論じても、その主張が問題解決につながるかどうか考えたり、相手の立場や考え方を斟酌したり、などなど慎重に言葉の選別を行う。「沈黙は金」と同様に、「滅私奉公主義」、「協和性」「集団主義」「察する文化」「曖昧表現」「鈍感力」「嘘も方便」など日本独特な「郷」を理解し従うのに苦労するばかりだった。

8年あまりの職場生活を経た今、再び職場での「郷の定義」や「従う行動パターン」について考えてみた。やっぱり理解できていない部分がまだ山ほどあるように感じる。人の考え方、経験や感性によってさまざまな解釈があるものに対して、完璧な理解を追究する必要はないと考えた。それと、自分の個性、根本となる価値観を隠したり、捨てたりなど一方通行のようにすべて職場の「郷」に従うことも良くないと認識した。職場の「郷」に従う際大きい失敗を避けるために、一つひとつの苦労した経験を生かして二度と繰り返さない改善意識、または周囲の微妙な空気変化や人々の性格を瞬速に察知できる能力を日常の習慣として身に備えるべきである。それができると、相乗効果で仕事のパフォーマンスも徐々にアップすることができる。

4. 外国人社員として日本職場に馴染むためには

新しい職場に馴染むことは日本人にも簡単なことではないが、外国人にとってはなおさらだ。外国人の私は全力をかけて何とか乗り越えることができた。

語学力を磨こう

日本企業で働く外国人にはより高度な異文化コミュニケーション能力が必要とされる。この高度な異文化コミュニケーション能力とは言語のみで行われるわけではないが、基本は言語コミュニケーションである。単純にその国の言語を理解できるくらいの言語能力ではなく、その言語の背景にある微妙なニュアンスをも感じ取って受け取り・発信できるレベルが必要である。単に言葉を表面的に訳すだけでは誤解が生じ、むしろ言語がコミュニケーションを阻害する結果ともなりかねない。

よいコミュニケーションの背景に欠かせないのは、日本文化、日本人の性格と心理行動パターン、地域による違いなどをより深く理解して、自分の先入観にとらわれずに人の意見を聞く素直な心を持つことである。これもまた語学力によって左右されることではあるが。

欠かせない存在になろう

使える・頼れる人間が歓迎されるのは世界共通なことだと思う。日本企業で働く外国人にとっても同じことだが、なるべく高付加価値のある存在になることが肝心だ。どういうふうに付加価値を高めるのか、商売人の「勘」を磨くのが重要だと考えている。これは「経営者感覚」とも言える。この感覚が身につけば、本職のレベルアップや自己啓発など自分への投資も惜しみなくできるのだろうし、仕事への思考力や行動力にもつながり周囲との連携協力関係への気配りも自然にできるようになるのだろう。

会社に溶け込もう、社内人脈づくり

中国人は社会関係の人脈作りを重視しているのに対して、日本人は会社において人脈づくりに力を入れる必要がある。なぜなら、多くのプロジェクトは部署を亘って行われており、部署内外の連携が非常に重要である。事前に話しやすい環境を作れば、情報交換や協力連携の際に役立って、時にはプロジェクトの成功につながることにもなる。

職場によって事情が違うが、社内サークルなどがあれば積極的に参加したほうが良いし、なければ普段の雑談でも仕事を通じてでも積極的に意思疎通することが大事である。

共感できる仲間、よき相談相手になって応援してくれる先輩

新しい環境に入れば、外国人のみならず誰もが不安を感じると思う。その時に共感できる仲間やよき相談相手になって応援してくれる先輩が居れば、どんなに心強いだろう。私は運が良くて入社時に12人の同期も居て、そのうち2人が同じ部署に配属された。理解力包容力があって優しい先輩たちは私の拙い日本語を「通訳」してくれたり、

愚痴も理解して聞いてくれたりして、コミュニケーションの手助けをしてくれた。誤解で拗《こじ》れた人間関係の修復を助けてくれたのも良き先輩だった。共感できる仲間や良き相談相手になる先輩、理解してくれる上司たちが居なければ、さまざまなピンチを乗り越えることができなかったはずだ。

「ほうれんそう」への工夫

「ほうれんそう」には基本的なルール、抑えるポイントがあるのが当然だ。だが、さらに細分化すると、組織の状態や上司の性格と考え方によって、対応の仕方を微妙に軌道修正したほうがよりスムーズにいく。

例えば、日本の企業は大抵縦割りの社会であるから、「ほうれんそう」も基本的に縦割りに行えば十分だ。もし機動性のよい企業にいるのであれば、横つながりの「ほうれんそう」も心がけたほうが良い。縦も横も情報共有ができる企業風土であれば、非常に活気のある組織に違いない。

また、上司によっても報告、連絡、相談すべきタイミングと範囲に対する判断が違ってくる。順調迅速かつ的確に「報・連・相」が行えるために、日ごろお互い仕事に対する考え方や行動パターン、性格や好み、家庭状況や職歴などを把握して、信頼の下地作りを心がけておいたほうが良い。「聴く」技を磨いておけば、曖昧度の高い相手に対してもスムーズに「ほうれんそう」を行える。「聴く耳」は同じ国同士はもちろんだが、異文化コミュニケーションにおいても重要なコミュニケーション能力である。「聴く耳」があれば、「ほうれんそう」もスムーズかつ自然にできるし、人間関係も円滑にできる。「ほうれんそう」ができれば、日本企業内部の異文化コミュニケーションもできると言えるだろう。

まとめ

交通手段の飛躍的な発展に加えインターネットの普及も違う国同士の距離を一気に縮めた。異文化コミュニケーションは身近になってきた。世界の平和への貢献にも当然必要なことだが、身近な生活にも必須なことになってきた。日本にたくさんの外国人が住んでいて、各国の人とコミュニケーションをする可能性がより高くなり、異文化コミュニケーションを避けられないこの時代に、土台の狭い視角で考えるだけでなく、自分を守るためにもより広い視野をもって異文化コミュニケーションに目を向ける必要がある。

第3章

日本国内における、外国人との異文化コミュニケーション

外国人社員との異文化コミュニケーション

広瀬　克利（神戸天然物化学株式会社代表取締役）

私は43歳の時（１９８５年）に脱サラをして、化学分野の研究開発会社である神戸天然物化学株式会社を設立した。３名でスタートした会社は時流に乗り、28年後の現在は子会社を含めて約２５０名の社員を擁するまで拡大することができたのは運が良かったと思う。中国に大神医薬化工有限公司、アメリカにＫＮＣ（Kobe Natural Products & Chemicals）Laboratories, Incと子会社を設立し、海外での活動も始まったが、その後アメリカの子会社は解散したのですべて順調に進んだわけではない。

その間にいろいろな外国人と一緒に仕事をし、社員としても採用した。神戸という土地柄からたくさんの在日朝鮮人の方も居住されており、私も多くの仲の良い友人がいる。仕事柄いろいろな大学と共同研究もしてきたが、大学にも多くの留学生がおられ、彼らと仕事もしてきた。

資金的に苦しい方もおられたので、弊社でも奨学金制度を作り僅かながら支援もしてきた。

最近はグローバル化も大きく進み、世界の出来事が日本に大きな影響を与え、我々のような小さな会社でも避けようがない。２００８年９月にアメリカで発生したリーマンショックは当社にも大きな影響を与え、仕事の減少と契約の打ち切りが相次ぎ、長期にわたる影響を受けることになった。ＥＵの経済危機、中国との尖閣諸島問題、公害問題等々、海外との関係が会社業績とか我々の生活に大きな影響を与える時代となってきた。海外との良好な関係は何としても構築しなければならないことである。

1. 初めての面接

私は英語の論文は何とか読めるが英語がまったく喋れない人種である。随分昔のことになるが、阪急電車で英語の化学論文を読んでいたらインド人が喋り掛けてきた。私は対応できなくて困ってしまったが、むしろ「英語の本を読んでいるのに何でこの人は英語が喋れないのか」と不思議に思ったことだろう。もし私が喋れたら、時々同じ電車で見かける人なので友人になれたかもしれない。私は長いこと英語を知識習得ツールとして活用してきたが、コミュニケーションツールとしての学習をしてこなかったのは本当に反省すべきことである。

まだ、社員が20名にも満たない時に新聞広告で研究員を募集したところ、ブラジル人が応募してきた。当社の社員も私と同じで、英語の論文は読めるが英語は喋れない人が大半、どうして面接をするかが問題となったが、何とかなるだろうと面接をすることにした。

5名の社員で面接をした。ポルトガル系ブラジル人で大学を卒業後スイスの製薬会社で働いていたが、奥様が日本に帰ったので本人も日本に付いて来た。彼は6か国語を喋れるが、日本語は判らない。家庭ではドイツ語を喋っているが、もちろん英語も喋れる。面接が始まると、彼も判りやすい英語でしゃべるし、我々も簡単な英語で聞く

神戸天然物化学株式会社　バイオリサーチセンター全景

が、何とか会話になるものである。幸い、社員に少し英語を喋れる人もおり面白い面接となった。専門は生物化学だが、化学もできるとのことで採用とした。我々も英語で専門知識を習得しているので、仕事面での指示とか打ち合わせはまったく困らない。でも、英語論文を読めるのに、簡単な日常会話が喋れないのは残念なことだと思う。

彼は何とかして日本で職を探したいと思っていたし、我々も国籍を問わず良い社員ならば採用したいと思っている。双方の意思が一致していると、拙い英語でも通じるものである。それでも異文化コミュニケーションを達成するためには英語は必須科目で、避けて通れない。

2．本当に英語は喋れないのか？

英語との付き合いは長く中学校、高等学校、大学、大学院、と長らく学んできた。就職してからも理系社員として英語論文も読んできた。また、テレックスでの仕事もしてきた。外国企業と技術情報の交換等々を手紙を介して実施してきたが、喋ったことはない。開業してからはアメリカのサンディエゴに子会社も作ったので外人の訪問もあるし、アメリカ企業への会社訪問もある。社員から「社長として初めの挨拶だけはしてくれ」と頼まれるので、英作文で文章を作り読み上げることにしていた。私の拙い英語も結構通じているらしい。それでも外人が喋っている英語は私にはさっぱり解らない。だから私は英語を喋れないと信じている。

職場と同じビル内に私設の英会話教室ができた。忙しいので月に2度程度しか通えないが習うことにした。相変わらず聞き取りはできないが、こちらの言いたいことはある程度通じた。もちろん、先生もゆっくりと喋ってくれるので何とか会話になった。その先生は夫婦関係、嫁姑等の人間関係にホトホト悩んでいた。本来難しい関係に加えて、育った環境が異なるし言葉によるコミュニケーションができないので、難しいのは想像できた。国際結婚の離婚率はどれくらいなんだろうと考えたりした。

ある日、６か国語を話す社員のことが話題になった時に「貴方だって２か国語が喋れるじゃないですか」と言われた。私は英語を聞き取れないし、自分では喋れないと信じていたが、よく考えて見ると何とか喋り、人間関係とか複雑なコミュニケーションが取れているのに驚かされた。私は喋れないと思っているが、先生から見れば喋れると映っているのかもしれない。

55歳の時に筑波大学の博士コースに入学し、化学の専門誌に英語論文を掲載する必要ができ、英会話の先生に原稿を見て頂いたがまったく役に立たない。喋るのと専門論文を書くのは別物らしい。

英会話教室は本社が転居したので残念ながら１年で辞めた。当社の５名程度の社員が英会話教室のノバに通っていた。全員がランク７（最下位）で入学し、ランク６とか５に昇級していた。私の娘も嫁入り道具の一つとして習わせた。彼女もランク７で入学し、ランク４まで昇級していた。十分な時間を活用しての成果かもしれない。私も入会するために英会話教室に出向き事務員と面接した。目的を尋ねられたので「私も年なので上達も難しいと思う。ランク６を目指します」と答えた。事務員は「大きな目標を持った方が良いのでランク５を目指したら」と勧めてくれた。試験は旅行中のトラブルを設定して英語でしゃべりなさいという問題だった。まずまず喋れた気がして事務所で結果を待っていると、先ほどの事務員が帰ってきて、一言も喋らない。少しむくれている様子なので、どうされたのですかと気遣うと「酷いじゃないですか、からかわないで下さい。ランク４の査定が出ていますよ」と言う。ランク３なら簡単な通訳ができるレベルとのこと。とても自信がない。ランク７からスタートしたい。ランク４からスタートして下さいと変な押し問答となり、結局、ランク５からスタートすることになった。

なぜこんなことになったのだろう。娘は先生の言うことはほとんど判るが、喋るのが難しいという。私は逆で先生の言うことはまったく判らないが喋るのは何とかなる。つまり、聞く能力、読む能力、喋る（書く）能力は別であり、読めるから喋れるわけでもないし、喋れるから聞けるわけでもない。

異文化とのコミュニケーションはまず初めに語学があり、何とかこの壁を乗り切らなければならないが、ある程度できれば後は気力で頑張ればコミュニケーションができ始めるし、そうすれば語学も向上すると思う。当社の社員を見ていても、臆することなく立ち向かう社員はいつの間にか英語を喋っている。

3．英会話学校の先生と留学生と外国人社員

我々の時代は大学の教授が就職の世話をしてくれるケースが大半で、現在のように学生が自分で決めるのは少なかった。卒業時にマサチューセッツ工科大学、北海道大学の博士課程と東京と神戸の企業を紹介して頂いた。私は神戸の化学会社をお願いしますと言った。

理由は実家から通えるので都合が良いという単純なもので、今更ながら、自分の大志のなさに呆れる。今の自分なら、マサチューセッツ工科大学に挑戦すると思う。世界の化学者とコミュニケーションを取り、英語も習得でき、その後の大きな人生を歩めたと思う。もちろん、どちらが良かったかは確かめようもないので何とも言い難いし、現在の人生は面白い人生を歩めたと思っている。

英会話学校の先生も20歳代の若い先生ばかりであった。英会話学校では難しい英語のトレーニングよりも彼女(彼)らとチャットを楽しんだ。サンフランシスコでは離婚率が80％にもなり、地方に行くと敬虔なキリスト教徒も多く、離婚率は下がることを教えてくれた。イギリスから来た女性も日本に2年も住んでいた。これから、中国に渡り、シルクロードを通ってイギリスに帰ると言っていた。両親から早く帰ってこいと言われるだろうと質問すると、その通りだと言う。

彼女達からは世界を見てやろう、人生を切り開いてやろうという意思が感じられたし、彼女（彼）らの逞しさには頭が下がる。ノバは倒産してしまったので彼女達のその後は分からないが、給料の未払いなどがなければ良いのだがと思っている。

サンディエゴに子会社を作った。日本より簡単で2日程度で作れた。女性で日本語が喋れる事務員を求めたが、たくさんいるとのことである。語学留学とかその他の目的でアメリカに渡り、そのまま結婚し居住する女性が多いと教えられた。募集するとたくさんの日系アメリカ人の応募者があり女性事務員の採用には困らなかった。日本女性も逞しいと思う。

新潟大学と特定のテーマで共同研究が始まった。研究室には中国からの修士とか博士コースの真面目な留学生がたくさん在籍し、研究に取り組んでいた。彼らの目は輝いており、実によく働くので教授は中国人留学生を大変可愛がっていた。教授からの支援要請もあり当社でも奨学金制度を作り、少額ではあるが10名弱の支援をしてきた。

大半が中国人で、１９９７年頃の中国は現在の豊かな中国とは異なり、留学生は農村出身の貧しい人が多かった。貧しいが向学心に燃えた学生を推薦して頂いた。彼（彼女）らの必死で学ぶ姿とか、困難に立ち向かう姿は清々しく思えた。

その内の一人が学位を取得後、日本で2年程度働きたいとの申し出があり入社して頂いた。その後、教授から「彼女には小学生の子どもがおり2年以上里帰りをしてないので、入社日を少し遅らせて一度中国に返して貰えないか」との連絡があり、当社も受け入れた。

それにしても小学生の子供と主人を母国に残し、4年以上も日本で勉強する根性には頭が下がる（もう一人の同じ状況の女性にも奨学金を支給してきた）。もちろん、当社での仕事ぶりも非の打ちどころがないし、ものすごく勉強するので専門知識はもちろんのこととして、流暢な日本語を喋る。どこで彼女達は勉強したか知らないが素晴らしい英語も喋る。おそらく彼女達はラジオ講座のみで勉強したのだろう。

当社ではそれなりの収入もあるので、時々は子どもとご主人を呼び日本の生活をエンジョイしていた。彼女らの目的を持った純粋な頑張りと向上心は人間として世界共通に賞賛される。言葉を介したコミュニケーションの必要もないのかもしれない。中国黒竜江省のチチハル大学からの留学生で彼女を含めて、すでに3名が教授に昇格していると聞いているが、奨学金を出したものとしては嬉しい話だ。

当社は地道な研究開発会社なのでたくさんの外国人を採用したわけではない。イギリス（博士）、バングラディッシュ（博士）、ブラジル、在日韓国、中国（1名は博士）を採用したが、現在は中国人2名のみとなっている。在日韓国人以外は母国で育った人達で、仕事に対する能力差は相当あったが、すべて人としては素晴らしい人達であった。

残念ながら彼らの最終目的が当社で働くことにならなかった。中国人以外は退職してしまった。イギリス人は非常に優秀な研究員だが他の研究機関に転職した。バングラディッシュ人は母国では有名な歴史作家と聞いていたが退職して今は島根県でカレーショップを開いている。ブラジル人は帰国して大企業の責任者になっている。

韓国人は韓国籍であるが受験できるかとの問い合わせがあり、当社を受験して入社した。よく働いてくれたが、当社の社員と結婚し家業を継いでいる。中国人男性は子会社の工場長として頑張っているし、中国人女性は資材課員として中国からの輸入を取り仕切っている。現在は育児休暇中である。アメリカの子会社は残念ながら設立4年後に閉鎖してしまった。

アメリカ人も頑張ってくれたが、アメリカとかヨーロッパの大手製薬会社の研究所の大半が日本から撤退する時代であり、ビジネスモデルに無理があったと考えている。現在はコンサルタント業を再開し、時々は日本に来ている。

英会話学校の先生も留学生も弊社の外国人社員も生まれ育った国に収まらず、飛び出して来た人達で、冒険心とか大志を持った人達であり、私は彼（彼女）達の前向きな考え方に魅かれる。また、彼らがコミュニケーションの壁を簡単に乗り越えてくるのも素晴らしいことである。

4．ビジネスモデルとコミュニケーション

化学系の修士課程を卒業後46年間企業で働いてきた。その中で企業とか業界の発展と衰退を見てきた。１９８５年に会社設立後、発展をテーマにして経営をしてきた。どうすれば発展できるか？　いろいろなことに挑戦してきた。景気の良い時にはいろいろな分野に事業を拡大し、景気が悪くなればどうにもならない分野を見限らざるを得ない。

会社設立時には「何も仕事がない」状況からのスタートで、実力に合った仕事を導入しなければならないし、発展を望むならば、さらに発展性のあるもう少し大きな仕事を導入することになる。次々と新しいビジネスモデルに挑戦し実践しなければ発展できない。たくさんの新規事業に挑戦してきたが、失敗するケースも多々あった。

成功するかどうかは時流に乗れるかどうかにかかっている。事業を成功させるには、やる気とかコミュニケーション力も非常に大切となる。時流がビジネスモデルから離れることもある。その時はビジネスモデルを変更するか早めに撤退する外はない。事業を開始する時期も大切であり、早すぎても遅すぎても難しい。時代が要請する時期に新規事業を始める必要がある。

撤退も重大なコミュニケーションが要求される。発展時よりもむしろ撤退時の方がより重要となる。ましてアメリカ人との折衝は難しいと思っていた。

アメリカの子会社はアメリカ人が「自分を採用してアメリカに会社を作れば儲かりますよ」の売り込みからスタートした。日本ではこのような売り込みの経験がない。２００３年は景気も良く、アメリカに販売会社を設立、中国に合弁で生産会社を設立し、日本でも化学会社を買収し3社も子会社ができた。残念ながら4年後アメリカの子会社経営は上手く進まないので閉鎖することになった。誠心誠意話し合い、店を閉める他はない。転勤ができるなら日本で採用もするが基本的に無理である。子会社を含めて社員を解雇したことはないが、今回は解雇せざるを得ない。異文化コミュニケーションで難しいと思ったが、アメリカ人はすぐに納得してくれた。事業が赤字なのでやむを得ないと思ったのだろう。むしろ何の成果も挙げなかった日本人の方が難しかった。この時は、異文化コミュニケーションがスムーズに進み、同文化コミュニケーションの方が難しい折衝となった。

5. 理系学生のガッツを望む

創業当時から採用時の面接にはすべて立ち会ってきたが、大半が真面目な技術系の社員である。学生は有機合成化学のプロになりたいと言って入社してくる。自分が勉強している化学は素晴らしい職業と思っているが、業界のことはまったく知らない。教授から与えられたテーマを一生懸命取り組んできたのだろう。恐らく自分が行っている研究の社会的価値とかはあまり考えていないのかもしれない。

化学は素晴らしいが、日本では産業として衰退しており大半の化学会社は20年前より社員数は減っているし、元気もありませんと説明すると、怪訝な顔をして

大神医薬化工有限公司（太倉）にて現地社員との交流

キョトンとしている。将来の夢を聞いても世界で活躍したいとか、社長になりたいとかいう人はいない。もし、そういう人がいれば即採用にするのだが。

化学反応のプロになれば一生の生活が保証されるくらいに考えており、見識が狭いように思う。自分のために社会があるのではなく、社会の中で生きていく発想も持ってもらいたい。

アメリカとか中国に子会社を作っても、そこに参加したいという日本人の若者は非常に少ないのは残念である。若い頃にアメリカとか中国で働けば語学の勉強もできるしいろいろな経験もできる。友人もできるのでグローバルに活躍できる能力とか、異文化コミュニケーション能力も身に付く。

しかし、中国勤務を命じても半年くらいで帰してくれと言ってくる。残念ながら、私も若い頃は海外に雄飛したり、社長を目指したりの大志を持ってなかったので大きなことは言えない。親とか教師が子供に大志とか挑戦について語るのも必要と思う。

本社での研修を終えた中国人研修生達と

アメリカの子会社は志願者がなく解散したが、中国の子会社に手を挙げて出向した社員が出てきた。頼もしい限りである。まずは海外に雄飛したいと望む社員が出てこなければ、異文化コミュニケーションも成立しない。

受験戦争に勝つために学生に知識を教えるが、いかに生きるべきかなどを考える機会は少ないのだろう。海外に雄飛して世界の人々と共に働きなさいとか、指導者になりなさいとかの教育がされていない。

当社は大半が理系の修士社員であり、真面目な人が多い。留学生とか外人社員と比べると当社の社員のスケールが若干小さいような気がする。

ほとんどの学生がサラリーマンの子として育てられている。親は子供に〝社長を目指せとか海外に雄飛しろ〟とかの教育が立場的にできなかったのかもしれない。
おとなしいサラリーマンを目指すなら、中国とか韓国の威勢のよい若者に負けてしまうような気がするのは私だけだろうか。

6. 外国人との異文化コミュニケーション

当社も5か国の外国人を採用し、アメリカ（4名）、中国（40名）の子会社を持ち、アメリカの大学と特許契約を結び、化学論文の掲載についてはアメリカの大学教授と折衝し、アメリカの顧客等々とコミュニケーションを重ねてきたが、基本的には人間同士のコミュニケーションは誠心誠意話し合えば日本人と同じではないかと思っているし、彼らとの付き合いで困ったことはない。

アメリカの大学教授は私の化学論文の掲載についても英語の添削までして頂いた。お蔭で論文は掲載され、博士号を取得できた。私も輪島塗の漆器をプレゼントしたが、本当に喜んで頂いた。旅行で知り合ったアメリカ人は面倒見の良い人ばかりに遭遇した。幸いなことに外国人と付き合って嫌な経験はない。

それでは本にならないので若干の異文化を感じることを記載してみる。

長期ビザ取得のために保証人を依頼してくる。日本では保証人として印鑑を押すのは大変なことであるが、彼らは当たり前のような顔をして依頼してくる。善良な外国人として雇用主に保証をしてもらうのは当然と思っている。こちらは乏しい情報等でびくびくしながら保証をすることになる。もちろん、問題が起きたことはない。

また、日本語学校で勉強したいので授業料を負担して欲しいとか、通勤用のバイクが潰れたのでお金を貸して欲しいとか頼まれる。彼らの性格とか国民性もあるかもしれないが、日本に来た時は経済面でも厳しく頼れる人もいないのだろう。この種のサービスの大半を受け入れてきたが、彼らが迷惑を掛けたことはない。

約束事も日本人ほど厳密ではない。ブラジル人は1994年末に退職したいと申し出たので手続きをした。1995年1月末に「会社辞めない」と言ってきた。何か事情があったと思うが、社員のみんなが知っていることなので受け入れることができなかったのは残念であった。彼がブラジルに帰る時に社員有志で餞別を贈ったが、憤慨された。もちろん、餞別を返してくることはなかったが、このような習慣がないのだろう。

彼とはその後もMailのやり取りをした。日本人は約束を厳密に守る習慣があるし、状況が変われば報告もする。気持ちの良い男だが約束事にルーズな面もあったので、日本社会では損な面もあっただろう。彼とはもう少しコミュニケーションを持ちたかったと反省している。

日本人、韓国人、中国人、イギリス人からは社員としてこの種の個人的要求などを聞かないので、発想は相当異なる。考え方を変えれば、ブラジルとかバングラディッシュの母国では相互支援の考え方が残っており、気軽に助けたり助けられたりしているのだろう。昔の日本もきっと相互支援がある温かい社会だったと思う。

最近は自己責任の名の下で責任はすべて自分で取らなければならず、ストレスの多い社会となっている。当社でも鬱になる人が多いので産業医に相談すると、医者はもっと多いと言われた。

7. 集団紛争と約束ごと

在日韓国人の友人はたくさんいるし、学生時代は在日韓国人と知らずに付き合っていた。もちろん、知ってからも変わりはないし、むしろ戦時中にいろいろと迷惑を掛けたのではないかと案じている。中国人の社員とも何の問題もなく付き合っているし、彼らは実によく働いてくれる。我々も外人だからといって差別をすることはない。尖閣諸島問題により中国でデモが横行しても子会社内は安全である。中国人社員が我々を守ってくれるからである。

相互に相手のことを気遣いながら生活するなら、個々の人達は１００％ではないが人種、宗教、習慣等々の相違を乗り越えて行けると思う。

しかし、問題は集団になると紛争が生じる。国家、宗教、人種、地域等々でぶつかりあう。相手を気遣い粘り強く話し合うほかはないし、問題解決に武力は行使しないという約束だけはできればと望む。集団を束ねる人達は、相互の生存権を尊重して慎重に行動すべきと思う。我々も異文化コミュニケーション能力を高めて、何とかして平和な世界を作らなければならない。

外国からの留学生との異文化コミュニケーションあれこれ

長谷川　宏司（筑波大学名誉教授）

筆者の研究室に外国から留学してきた学生は数多くいますが、本稿では特に印象に残っている何人かの留学生との異文化コミュニケーションについて述べたいと思います。

一人目は今から30年ほど前になりますが、筆者が鹿児島大学に奉職していたころ、鹿児島市の日中友好協会の役員をされていた某企業の会長から、中国からの留学生を引き受けてほしいとの依頼がありました。出身大学（中国）が同じという学生がすでに鹿児島大学に留学していたことから、当該の学生について聞いたところ、大変まじめな学生であり、問題はないということから、引き受けることにしました。鹿児島に到着する日時が知らされていたので、身元引受人の会長や筆者の研究室の学生とともに西鹿児島駅に出迎えに行ったところ、いくら待てども本人の姿が見えません。何かあったのではないか、と心配しつつ予定していた歓迎会を取りやめ、明日中国に連絡してみましょうということになりました。翌日早朝大学に行き、会長と電話で連絡を取っていたところ、身長150センチメートルくらいの小柄なネクタイ・スーツ姿の青年が筆者の研究室に突然現れ「ハセガワセンセイ　ワタシハチュウゴクカラ　キマシタ　Lトモウシマス。　ドウゾ　ヨロシク　オネガイシマス」とにこにこ笑いながらいうのです。そこで昨晩駅に出迎えに行ったことを話したのですが、どうも通じません。そこでもう一度日本語でゆっくり話したところ、「ダイジョウブデス」を繰り返すのです。日本語は通じていないと分かったので英語で話したところ、理解は完全ではないもののみ込めたようでした。後で分かったのですが、外国人が「ダイジョウブデス」という時は、日本人が英語を十分聞き取れない時に「イエス、イエス」と外国人にいうことと同じようです。言葉の違いは大きく、彼は来日当初はとても苦労したようですが、日本語が分からないと何も始まらないことに気づいたようで1か月もするとたちまち上達し、普通に話し、聞くことができるようになりました。

彼は研究も一生懸命行っていましたが、当時は分析機器や実験器具など中国にはないものが多くあり、その原理や使用法を教えるのに随分苦労しました。しかし、彼は日本人学生に劣らないくらい、熱心に打ち込み、普通に実験することができるようになりました。筆者が彼の来日数年前にオランダのワーヘニンゲン大学に共同研究で渡欧しましたが、ボスも共同研究者のドクターも共に日本びいきで公私にわたって筆者にとても親切に接してくれ、生涯で最も楽しい研究生活を過ごすことができたことから、筆者が外国人を引き受ける時は努めて親切に応対しよう、友好なコミュニケーションをとれるようにしようと思っておりました。日本の学生と一緒にソフトボールやボーリングをしたり、魚釣りに行ったり、筆者の家でのパーティーで飲食を共にしたり、家族のように振舞ったりしておりました。その間、彼の表情を観察しながら、何か不自由に思っていることはないのか、などいつも気にはしておりました。順調にいっていたはずでしたが、困難な問題が出てきました。それは、生活費です。彼は日本に来るにあたり、数十万円のお金を持ってきたのです。当時の中国の貨幣価値からすると、大変な額なのですが、日本に来て、2～3か月で底をついたのです。さあ、大変です。筆者が生活費を全額支援するほど給料は高くないことから、ま

20数年前、国際学会で来日されたオランダ・ワーヘニンゲン大学のボスと

ず当時教職員組合に入っておりましたが、脱退し毎月の組合費を彼にあげることにしました。しかし、まだ足りません。そこで、筆者がよく行く飲食店のマスターに事情を話し、夕方からアルバイトで雇ってくれないかと、お願いしました。マスターは快く引き受けてくれて、彼の夕食と生活は何とか目途がつきました。彼は非常に人懐っこくてお客さんから可愛がられ、時々小遣いや衣類などをプレゼントされていたようでした。ただ、これだけでは授業料など必要経費が払えないことから、鹿児島のある企業に奨学金を出して頂くようにお願いし、彼を連れて行って面接をして頂き、数か月でしたが、奨学金を出して頂くことができました。私費留学生を引き受けることの困難さを痛感いたしました。来日して1年が過ぎようとした時に日本の大学の大学院に進学したいということでしたので、今度はその受験先の問題です。ただ受験するだけなら、当時まだ鹿児島大学では修士課程はあったものの、博士課程はありませんでしたので、博士課程のある他の大学を探さなければなりません。単に彼の専門性や学力に合った大学を探すのであれば大した問題ではないのですが、彼の場合は奨学金が保障されているところでなければならないのです。そんな大学はありません。大学院の入試の成績で貸与が決まるわけです。またもや、重い荷物を背負うことになりました。

今から思うと、彼は人並みはずれた強運の持ち主であったようです。ある日、朝刊を読んでいたら、筆者が数年前に西ベルリンで開催された国際植物科学会議で初めてお会いし、日本に帰国後、共同研究をさせて頂いておりました世界的に大変著名な北海道大学・教授のM先生が大型のプロジェクトの総括責任者になられたとの記事が大きく報道されていたのです。早速先生にお電話し、L君を採用して頂けないかどうか、お願いしたところ、面接して頂けることになりました。彼は大喜びで札幌に行き、面接を受け、採用して頂けることになりました。かなりの高給を得て研究ができるのですから、これ以上のことはありません。彼は鹿児島大学に戻ってから嬉しさのあまり、いろいろな留学生に話したらしく、筆者の研究室の電話が鳴りっぱなしです。「私も、僕も、推薦してもらえないかどうか」という電話です。もちろん、その都度事情を話し、丁重にお断りしましたが……。

彼は北海道に行き、総括責任者のM先生にご指導・ご高配を頂き、一生懸命にプロジェクトの研究に励んでいたようでした。その後縁があって、筆者もグループリーダーとして、鹿児島大学を研究休職して北海道に馳せ参ずることになりました。彼は筆者の下で再び研究することになったのです。彼は筆者のグループの研究スタッフらと一緒に研究に励み、学術論文もいくつか発表することができました。筆者の研究テーマの一つであった「花成ホルモンの探索研究」を彼にやってもらいました。研究スタッフの方々の大変な協力もあり、シロイヌナズナという植物から花成誘導活性をもつ分子量が20万くらいの高分子化合物（タンパク質）を取り出すことに成功しました。その成果をアメリカの学会で発表することができ、彼にとって大変自信になったと思います。ただ、筆者自身が行っていた研究テーマ「植物相互間におけるコミュニケーション物質の探索研究」が画期的な研究成果をあげたことから、その応用研究に全勢力を費やしたことになり、花成ホルモンの研究を中断しました。

プロジェクトの懇親会にて

その数年後、さまざまな研究所や大学で花成ホルモンの研究が活発に行われ、筆者らがかつて得た成果と通じる研究成果がセンセーショナルに発表され、あの時続けてやっておればと後悔することもありましたが……。彼の話に戻りますが、彼を取り巻く状況はそのころまでは順調そのものでした。しかし、またもや難題がでてきました。博士の学位の問題です。学位を北海道大学に申請できればよかったのですが、事情があってそれがかなわないことがわかり、申請先の探索が筆者の身に振り注がれてきたのです。さあ大変です。知り合いの者がいるいろいろな大学に電話し、ようやく九州の某大学に学位の申請をさせて頂くことができました。読者の皆さんはなぜそこまでするのか、と疑問をもたれる方がおられると思います。筆者自身も分かりません。前にも述べたように、数年前、異国の地オランダで受けたボスやドクターとの良好な異文化コミュニケーションへの恩返しといった面があったのかもしれませんが、そもそもそういう運命にあったのかもしれません。彼はその後、筆者の推薦で理化学研究所に就職することができ、学位も取得することができました。そのまま、日本で研究を続けていくものだと思っておりましたが、今度は外国に行きたいといい、推薦書を書いてほしいとのこと、ここまで来たら、何でもどうぞ、という気分です。外国に行くことが決まり、筆者の手元から羽ばたいて行きました。その後、中国に戻り、出身大学の教授に昇格したという知らせがありました。めでたし、めでたしです。筆者と彼とのつき合いは6～7年ですが、今思うとほっておけない愛すべき彼の人間性にあったのではないかと思われます。また、この間、スタッフの女性研究者たちが彼を外国人として区・差別せず、家族の一員のように彼の言動や立ち振る舞いに対して、遠慮なく注意をしてくれておりましたが、このことが彼との間で真の友好的なコミュニケーションを形成することができたのではないかと彼女たちには感謝しております。最近、中国と日本の間で不穏な動きがありますが、ほっておけない隣人と悟り、ここまでくればとことん付き合っていくしかないという思いになれば雪解けも間近ではないでしょうか。

二人目は、筆者が筑波大学に赴任して数年後、筆者の研究室を訪問してきたパキスタンからの留学生Jさんのことです。植物ホルモンの研究を筆者の下でやりたいということでしたが、彼女の場合は英語は達者ですが日本語がほとんど話せず、研究室の日本人学生とのコミュニケーションがとれずに苦労することが容易に予想されたことから、彼女を引き受ける条件に日本語を話せるように努力するということを約束させました。結果的には、数年経ても普通に日本語を話すところまではいきませんでした。ただ、彼女はとても研究熱心で期限内で博士の学位を取得できました。大変な苦労であったと思います。

彼女も前出の中国からの留学生と同じ私費留学生でした。私費留学生ですから、奨学金がないとやっていけません。いろいろなところに推薦状を送り、何とか奨学金を得ることができました。しかし、長期間受けられるというものでないことから、彼女は度々筆者の研究室のドアをたたきました。「ヘルプ　ミー」というのです。当時は彼女のドアをたたく音に筆者自身異常に反応し、ノイローゼのようになりました。今から思えば、彼女はぎりぎりのところであり、もっと援助できたのではなかったかと思っております。彼女は日本を離れ、ケニアの大学の助教授になり、今はカナダの大学でたぶん教授として研究・教育を熱心に行っているものと思います。私費留学生は彼女の他に数人の女子学生が筆者の研究室で勉学・研究に励んでおりました。ある学生は一週間以内で授業料を納付しなければ、除籍になるという通知書を持って筆者のところに駆け込んできました。確か5、60万円だったと思います。当時、筆者が共同研究を行っていたいくつかの企業にお願いし、用立ててもらい何とか除籍されずにすみました。また、アルバイトをしたいという学生のために，まったく面識のない回転すし店やコンビニの店長にお願いに行ったこともありました。とにかく、私費留学生を引き受けるには大変な努力と忍耐が必要であることが分かりました。しかし、大変幸いなことには、筆者の研究室の留学生は国費であれ、私費であれ、皆熱心に研究に励み、日本人学生やスタッフと絶えず良好なコミュニケーションを図るべく努力をしていたことと、その彼・彼女らに対して日本人学生やスタッフが最大限、家族のように接してくれていたことは筆者にとってこの上ないことでありました。

研究室有志の魚釣り大会

一方、よその研究室の女子学生が時には涙を浮かべながら筆者の研究室にまるで駆け込み寺のごとく次から次へと相談に来ました。筆者は別に学生相談の係でも何でもないのに……。彼女らの言い分は指導教授とのコミュニケーションに関することで、例えば、一生懸命に勉学・研究しているのにこの程度では修士や博士の学位は出せないといわれたり、日本人学生と同レベルの研究成果をあげているにも関わらず、日本人は学会発表をさせてもらえるのに自分はそうしてもらえない等々であります。彼女らは筆者の研究室に移籍させてもらえないかという訴えでありましたが、「私の研究室では多くの学生を抱えており、キャパシティからいっても無理だから、指導教授とよく話し合い、今の研究室で頑張るようにしなさい。もし、どうしても改善されない場合は指導教授の先生に私がお話してみるから……」と。ただ、留学生に不満をもたれた先生方は研究や勉学にとても厳格に対応する、本来の大学の教授として当たり前の指導をする方々で批判される対象ではなく、むしろ推奨される先生方であったと思います。では、何が留学生と指導教授の間で起こったのかと考えると、留学生にも問題があったのではないかと後で思うようになりました。それは彼女らのうち、どうしても筆者の研究室で引き受けなければ、大げさに言えば国際問題に発展しかねない事態が生じ、やむを得ず筆者の研究室への移籍を了承した留学生の指導の中で感じたことであります。彼女らは来日するに当たり、自国の大学の教授と同じように日本の大学教授もとても厳格で話もストレートであると考え、かなり覚悟をもって来日してきたと思います。ところが、いざ日本に来てみると日本の大学教授は留学生に対して大変親切で、言い方も厳しくないことを感じ取り、ほっとしてマイペースで勉学・研究をスタートさせたのではないかと思います。筆者が現役の頃、学会会場で日本の女性研究者が「先生、私の研究発表はどうでしたでしょうか」と尋ねてくることがよくありました。発表内容に疑問が多く、良しとしない内容でも、相手を傷つけないようにと「良かったのではないでしょうか。今後の発展が楽しみですね」と日本人独特の言い回しで返答したものです。多くの研究者は余程自信過剰でなければ、外交辞令でいわれている部分もあるのではないかと、そのまま受け取りはしません。それに対して、外国人は多くの日本人と異なり、きっちり自己主張をしますが、その代わり、駄目なら駄目とストレートに評価されても（多少は不機嫌になったとしても）あまり違和感をもたないのではないかと思います。かの留学生たちは指導教授が発する日本人独特の言い回しをそのまま受け取り、一方、当然の如く自己主張をする結果、指導教授は勉学・研究がレベル以下なのに自己主張だけはする、とんでもない学生と評価したのではないかと思います。この国民性の違いをお互いに十分理解できなかったことが原因となり、友好なコミュニケーションを築くことができなかったのではないかと思います。したがって、博士・修士論文提出や学会発表申し込みの直前に指導教授から最後通告をされれば「どうして？　どうして？？？」と留学生がげんに思っても当然です。外国からの留学生を引き受けるに当たっては、日本の文化・習慣をよく理解してもらい、その上で自分の指導方針について丁寧に説明することによって、さまざまなトラブルを回避できるのではないかと思います。

世界のすべての人間は同じホモ・サピエンスであり、富める者はそうでない者に対し、強者は弱者に対して常に相手をわが身に置き換え、まさに家族のように接する（時には激しくぶつかり、時には一緒に笑ったり、泣いたり）ことが普通にみられるように、まだまだその域に達していない筆者もなお一層努力・研鑽していかねばと自戒しつつ、筆をおきたいと思います。

執筆者紹介

（執筆順）

●**後藤　伸治**（ごとう・のぶはる）

現職：宮城教育大学・名誉教授

最終学歴：東北大学大学院理学研究科修士課程（生物学専攻）修了

学位：博士（理学）

主な研究領域：植物生理学、植物遺伝学

主著：The SENDAI Arabidopsis Seed Stock Center SEED STOCK LIST March 2004
「シロイヌナズナにおけるレピジモイド様物質の生合成と生理活性の解析」平成９年～平成12年度科学研究費補助金　研究成果報告書（基盤研究Ｃ２）平成13年10月

●**山原　芳樹**（やまはら・よしき）

現職：鹿児島大学・名誉教授（鹿児島大学・非常勤講師、志學館大学・非常勤講師）

最終学歴：東京教育大学大学院文学研究科修士課程（独語独文学専攻）修了

学位：修士（文学）

主な研究領域：ドイツ語教授法、異文化理解論

主著：Kontrastive Satzbauanalyse Japanisch-Deutsch im Grammatik -Unterricht. In: P. Balmus, G. Oebel, R. Reinelt (Hg.): Herausforschung und Chance. Krisenbewäl tigung im Fach Deutsch als Fremdsprache in Japan. IUDICIUM Verlag, München 2005 73-78.（『文法授業における日独比較対照構文分析』ユディキウム出版、ミュンヘン、２００５）
『外国語植物名同定の諸問題―異文化理解のワンステップ(1)(2)』鹿児島大学教育学部研究紀要50号（１９９９）、53号（２００２）

●**丹野　憲昭**（たんの・のりあき）

現職：山形大学・名誉教授

最終学歴：東北大学大学院理学研究科博士課程単位修得退学

学位：博士（理学）

主な研究領域：植物生理学、ヤマノイモ属植物の休眠生理学
主著：長谷川宏司・広瀬克利編著『博士教えてください　植物の不思議』大学教育出版、２００９年（共著）
山村庄亮・長谷川宏司編著『天然物化学―植物編―』アイピーシー、２００７年（共著）
山村庄亮・長谷川宏司編著『植物の知恵―化学と生物学からのアプローチ―』大学教育出版、２００５年（共著）

●上田　純一（うえだ・じゅんいち）
現職：大阪府立大学大学院理学系研究科・教授
最終学歴：大阪府立大学大学院農学研究科修士課程修了
学位：博士（農学、東京大学）
主な研究領域：植物生理学、特に植物生理活性物質に関する生理化学的研究
主著：Research Methods in Plant Sciences Vol.1 Soil Allelochemicals (S. S. Narwal・Lech Szajdak・Diego A. Sampietro 編、Studium Press LLC) Chapter 18 Jasmonic acid and its related compounds pp.407-423 (2011)
Comprehensive Natural Products Chemistry Vol.8 Miscellaneous Natural Products Including Marine Natural Products, Pheromones, Plant Hormones, and Aspects of Ecology (Sir Derek Barton・Koji Nakanishi 編、Elsevier Science Ltd.) 8.02.8 Jasmonic acid and related compounds pp.108-119 (1999)
「植物化学調節実験法」（高橋信孝編、植物化学調節学会）２・11　老化制御物質pp.145-152（１９８９年）

●岡村　重信（おかむら・しげのぶ）
現職：鹿児島国際大学国際文化学部音楽学科・教授
最終学歴：南カリフォルニア大学大学院修士課程（音楽学部）修了
学位：修士（音楽学）
主な研究活動：ピアノ指導法講座を定期的に開催。ピアノリサイタル（日本・アメリカ）
主著：『シューベルト即興曲D899―演奏解釈と演奏準備法―』鹿児島国際大学研究紀要81号、67-82頁、２００９年
『ピアノ教本研究法』鹿児島国際大学研究紀要82号　83-94頁、２００９年

●山田　小須弥（やまだ・こすみ）
現職：筑波大学生命環境系・准教授
最終学歴：神戸大学大学院自然科学研究科博士後期課程修了
学位：博士（理学）
主な研究領域：植物生理化学
主著：長谷川宏司・広瀬克利編著『博士教えてください　植物の不思議』大学教育出版、２００９年（共著）
『Allelopathy -New concepts and methodology』(Fujii Y. and Hiradate S.eds, Science Publishers) SECTION 2 (Chapter 8) : Chemical and biological analysis of novel allelopathic substances, lepidimoide and lepidimoic acid. (2007) pp.123-135
『プラントミメティックス—植物に学ぶ—』（Advanced Biomimetics Series 1, Plantmimetics）第5章 分泌と運動（第5節 植物の運動光屈性の分子機構）監修：甲斐昌一・森川弘道NTS INC.（２００６年）（共著）pp.487-492

●中野　洋（なかの・ひろし）
現職：農研機構　作物研究所・主任研究員
最終学歴：筑波大学大学院博士課程農学研究科修了
学位：博士（農学）
主著：山村庄亮・長谷川宏司編著『植物の知恵—化学と生物学からのアプローチ—』大学教育出版、２００５年（共著）
山村庄亮・長谷川宏司編著『天然物化学—植物編—』アイピーシー、２００７年（共著）

●山添　紗有美（やまぞえ・さゆみ）
現職：スタンフォード大学博士研究員
最終学歴：京都大学大学院医科学研究科修了
学位：博士（医科学）
主著：『新規素材探索—医薬品リード化合物・食品素材を求めて—』シーエムシー出版、２００８年
『生命現象を理解する分子ツール　イメージングから生体機能解析まで』化学同人、２０１０年

●金剛　仙太郎（こんごう・せんたろう）
現職：総合化学・機械メーカー。サンパウロ市（ブラジル）勤務、サンパウロ市にて邦字記者、食品輸入業を経て現職
最終学歴：鹿児島大学大学院人文科学研究科修士課程修了
学位：修士（文学）

●大谷　正志（おおたに・まさし）
現職：外資（米国）系総合化学会社勤務。日系企業との合弁会社事業企画部長
最終学歴：北海道大学大学院農学研究科修士課程修了
学位：修士（農学）

●小川　滋之（おがわ・しげゆき）
現職：株式会社資生堂生産技術開発センター・植物価値開発グループ・グループリーダー
最終学歴：筑波大学大学院環境科学研究科修了
学位：修士（学術）

●吉川　洋一（よしかわ・よういち）
現職：フリーランス
最終学歴：鹿児島大学法文学部文学科卒業
世界一周を2度経験。訪問した国は30か国以上。

●岡村　智恵子（おかむら・ちえこ）
現職：株式会社資生堂リサーチセンター研究員
最終学歴：東京大学大学院修士課程修了
学位：修士（農学）

●ティティ　レイ（ていてぃ・れい）
現職：茨城大学工学部メディア通信工学科・非常勤講師
最終学歴：埼玉大学大学院博士課程理工学研究科修了
学位：博士（学術）
主著：『早わかりミャンマービジネス』日刊工業新聞社、２０１３年（共著）

●謝　国斌（しぇ・ぐぉびん）
現職：サンプル合成受託会社・技術担当マネージャー（元神戸天然物化学株式会社・社員）
最終学歴：岡山大学大学院博士課程修了
学位：博士（物質分子科学）

●高　栄（こう・えい）
現職：神戸天然物化学株式会社中国室勤務
最終学歴：大阪市立大学法学部卒業
主要論文：在学中に、日中国交正常化30周年を記念して若き中国人留学者による論文コンテストの企業賞受賞「道」

編者紹介

●長谷川　宏司（はせがわ・こうじ）

現職：筑波大学・名誉教授
最終学歴：東北大学大学院理学研究科博士課程（生物学専攻）修了
学位：博士（理学）
主な研究領域：植物生理化学、植物分子情報化学
主著：長谷川宏司編著『続・多次元のコミュニケーション』大学教育出版、２０１２年
長谷川宏司・広瀬克利編著『食をプロデュースする匠たち』大学教育出版、２０１１年
長谷川宏司・広瀬克利編著『最新　植物生理化学』大学教育出版、２０１１年、他多数

●広瀬　克利（ひろせ・かつとし）

現職：神戸天然物化学株式会社・代表取締役社長、大神医薬化工有限公司・執行董事
最終学歴：筑波大学大学院農学研究科博士課程（応用生物化学専攻）修了
学位：博士（農学）
主な研究領域：有機合成化学、植物生理化学
主著：長谷川宏司・広瀬克利編著『食をプロデュースする匠たち』大学教育出版、２０１１年
長谷川宏司・広瀬克利編著『博士教えてください　植物の不思議』大学教育出版、２００９年
山村庄亮・長谷川宏司編著『天然物化学―植物編―』アイピーシー、２００７年（共著）

●井上　進（いのうえ・すすむ）

現職：丸和バイオケミカル株式会社・代表取締役社長
最終学歴：鹿児島大学農学部園芸学科卒業
主著：長谷川宏司編著『続・多次元のコミュニケーション』大学教育出版、２０１２年
『病害虫ハンドブック〈ゴルフ場編〉』丸和バイオケミカル株式会社発刊、１９９１年
『草花類と花木の栽培手引き』丸和バイオケミカル株式会社発刊、１９９９年

●繁森　英幸（しげもり・ひでゆき）
現職：筑波大学大学院生命環境科学研究科・教授
最終学歴：慶應義塾大学大学院理工学研究科博士課程
学位：博士（理学）
主な研究領域：天然物化学・生物現象の機構解明に関する生物有機化学的研究
主著：山村庄亮・長谷川宏司編著『天然物化学―植物編―』アイピーシー、２００７年（共著）
山村庄亮・長谷川宏司編著『植物の知恵―化学と生物学からのアプローチ―』大学教育出版、２００５年（共著）
山村庄亮・長谷川宏司編著『動く植物―その謎解き―』大学教育出版、２００２年（共著）

異文化コミュニケーションに学ぶ
グローバルマインド

2014年5月30日　初版第1刷発行

■編　　者――長谷川宏司・広瀬克利・井上進・繁森英幸
■発 行 者――佐藤　守
■発 行 所――株式会社 大学教育出版
〒700－0953　岡山市南区西市855－4
電話（086）244－1268(代)　FAX（086）246－0294
■印刷製本――モリモト印刷(株)

ISBN978－4－86429－221－4